◎馬祖東引島東湧燈塔。

◎澎湖七美島南滬燈塔。

◎馬祖東莒島東犬燈塔內部。

台灣離島與燈塔

充滿熱帶島嶼風情的旅遊指南

栗　兒＝著　林榮錄＝攝影

晨星出版

New Taiwan Tr

Lighthouses an

slands

奔 向 藍 洋

島嶼的光

◎夕照中的東莒島東犬燈塔。

你

在哪裡？

北部或南部；

台北或屏東。

不管你在哪裡；

你一直都在這座被 藍 洋 包 圍 的 島 嶼。

你熟悉海的聲音、氣息、味道嗎？

你知曉在這島嶼周圍散落許多更小的島嶼嗎？

你去過那些個海上珊瑚礁岬角，

把腳浸泡在熱帶魚遊蹤的區域，

呼吸略帶鹹味的空氣。

不必厚重行李，

只須輕快橫越，

帶著一份地圖，

沿著藍色地界邊緣探索，

去叩訪一座座夜晚照海的白色燈塔，

去認識屬於你、屬於島嶼的海洋文化。

無論如何，你在這裡，

無論是美好或錯誤的存在，

你都可以重新發現，重新熱愛——

追逐光的海岸線之旅。

一如寂靜沙漠，神祕無邊，遼闊的海洋亦是一則生命的禪思，卻屬於活潑動力的，萬物最初的起源之處，同時也是人類大旅行夢想的開始。

當世界第一艘船從陸域揚帆出發，穿行於海洋，尋找天涯海角的盡處，他們在海上漂盪很久的時光，直到另一個新大陸赫然出現眼前，所有積累的鹽份和疲憊，終於有了釋解的快感。在那一刻眺見陸地身影的重要瞬間，或許是所有航海家極其一生都在追求的高潮時光，他們離開陸地，便是為了登臨陸地。

也因此燈塔之光是重要的，它不僅照耀著海面，提醒船隻隱藏的暗礁與急潮，避免翻覆或擱淺，更是航海家心靈的指標，當光在黑色海域閃現時，他們知道陸地已經在那裡。

曾有一名燈塔守燈員說：「當船隻遊走在茫茫大海，長期看不見陸地時，人們會有一種空虛感。因此，在黑暗的夜裡突然看見一盞燈火，心中那份希望燃起的強大喜悅，是超越一切的。」

在這昔稱福爾摩沙的美麗台灣島，海岸線是一條輕躍的動脈，輸送海洋吹來的氧氣，海洋文化是這島嶼最迷人的特質。

但工業文明帶來疏離，「台灣之夢」一如「美國之夢」的演變，從透過個人努力，追求物質成功，到工業化、資本化與企業化強勢運作，我們的文化與每個人的本來面目已被隔閡得很遠，遠得甚至讓人忘記自身與海洋密切的關係。要了解海洋文化，必須了解海岸線，而燈塔是海岸線上最鮮明的標幟。

當夜晚之時，太陽掉落海平面一半位置時，在美麗之島海域範

圍的海岸線上，共有34座燈塔將同時發光，以每數秒連閃方式，與船隻對話，警告著觸礁危險，並給予明確的航行方位。

那是一種責任，每一個操執燈塔任務的守燈員，都是錯落海岸線上的一隻勤奮蟻兵，他們默默地盡忠職守，忍受冬天嚴風巨浪，夏日酷熱豔陽，以及邊界漫長的寂寞時光。

寂寞時光，要追溯到清乾隆43年（1778），第一座七級石塔燈塔建造於澎湖西嶼外垵高地上，而後陸續翻修，在光緒年間由海關另建新式燈塔，便是現下的漁翁島燈塔。

海關總稅務司署於清同治7年（1868）設立海務科，負責籌辦燈塔業務，在中國沿海及內河所有通航水道，興建有系統的燈塔及其他助航設備，早期設立的燈塔除漁翁島之外，還包括鵝鑾鼻、高雄、安平及淡水共五座，日據時代台灣亦增設多座，但二次大戰期間慘遭砲火轟炸，剩沒幾座能夠發光。直到1946年，我國海關重新接收管理，積極整修並陸續擴建，而有今天的規模。

2000年開始，連續追逐島嶼海岸線的光，是一趟重新發現的歷程，那不僅意味著深入追蹤每一道海岸線的變化，或是沙灘綿延，或是珊瑚礁密布，或是玄武岩層疊；那也是一趟人文景觀的探索，人的活動永遠是世界最美的構成；那還是一次次邊界冒險，每一個燈塔必定都矗立在最突出的位置與最危險的海域相接。

而每當一座燈塔浮掠眼際之時，內心歡呼的感受，幾乎要與海上船員目睹它時一般相同。那白色巨塔，是永恆的光明，從東引到鵝鑾鼻，從東椗島到彭佳嶼，始終照亮著台灣海峽。

◎由望安島遠眺將軍澳一帶澎湖海域。

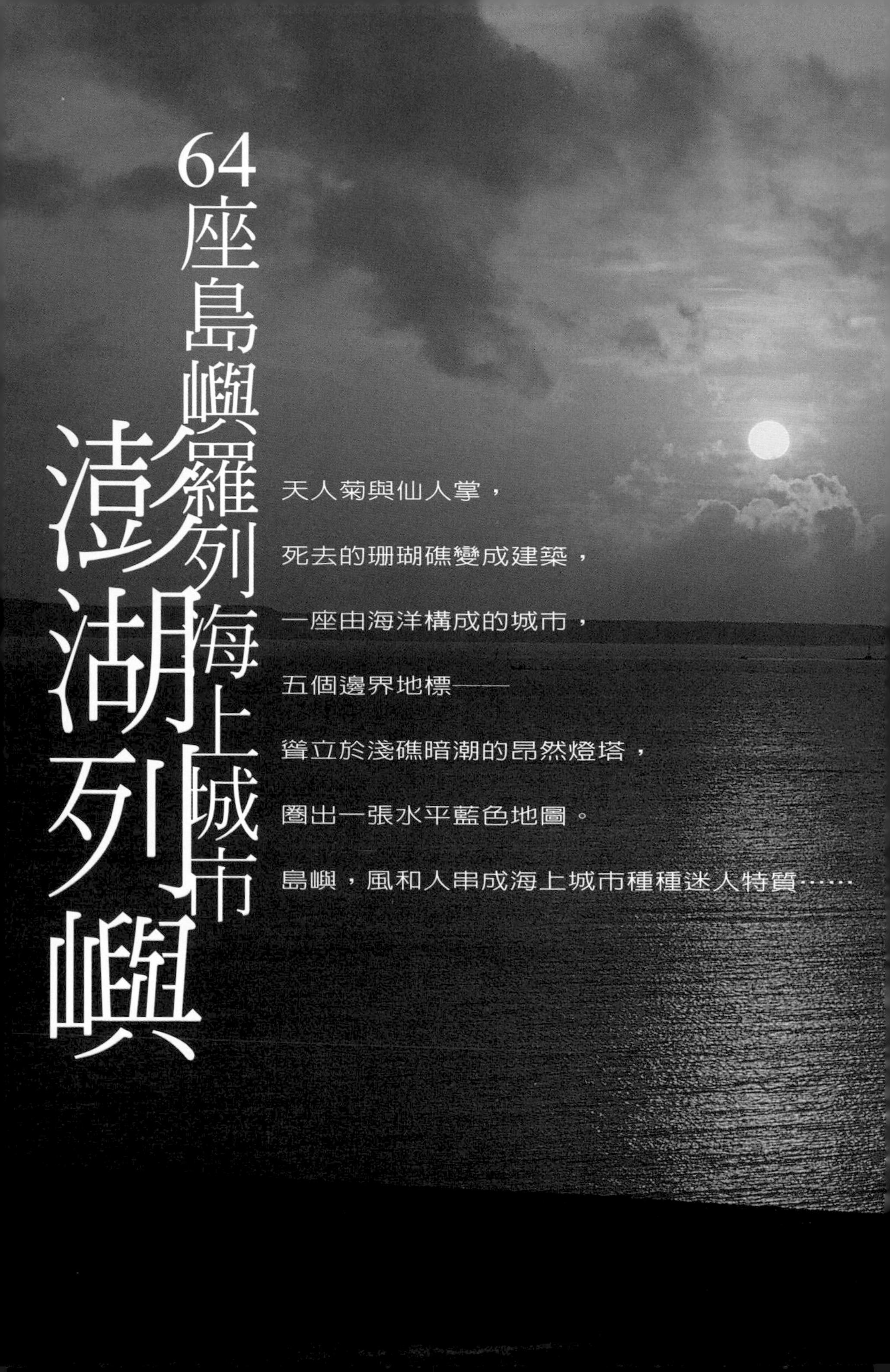

64座島嶼羅列海上城市

澎湖列嶼

天人菊與仙人掌，

死去的珊瑚礁變成建築，

一座由海洋構成的城市，

五個邊界地標———

聳立於淺礁暗潮的昂然燈塔，

圈出一張水平藍色地圖。

島嶼，風和人串成海上城市種種迷人特質……

◎馬公的海上日落。

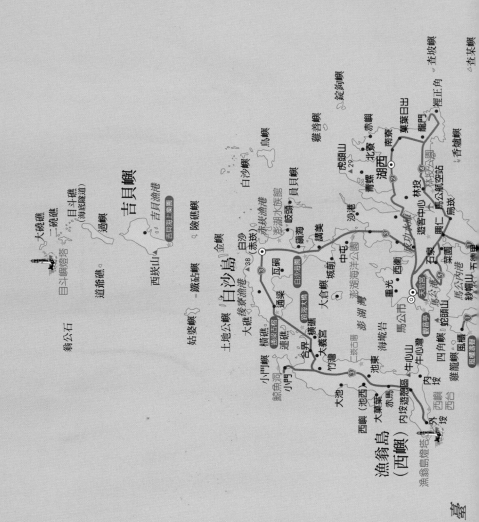

澎

臺

大碗礁

二碗礁

目斗嶼燈塔

目斗礁
(海底隧道)

道箸礁

過嶼

翁公石

吉貝嶼

吉貝漁港

吉貝海上樂園

西吠山 （嶼

險礁嶼

姑婆嶼

鐵砧嶼

鳥嶼

白沙嶼

員貝嶼

雞善嶼

錠鉤嶼

菜嶼

查坡嶼

查某嶼

虎頭山 △29

青螺

湖西

北寮 赤崁

菜園日出

龍門

裡正角

香爐嶼

南寮

林投 林投公園

遊客中心

馬公航空站

烏坎

隘門

小門嶼

鯨魚洞

小門

大礁

土地公嶼

金嶼

白沙（赤崁）

流灶漁港

白沙

城前

瓦硐

鎮海

岐頭 澎湖水族館

講美

沙港

後寮漁港

大池

池西

大菓葉

赤馬

西嶼

（西嶼）

漁翁島

西嶼山 （西嶼）

漁翁島燈塔

外垵

二坎古厝

通樑

大義宮

合界

竹灣

池東

白沙鄉園

跨海大橋

澎湖海洋公園

中屯

大倉嶼

重光

西衛

馬公市

海坡岩

牛心山

菜園

四角嶼 蛇頭山

雞籠嶼

雞籠嶼風櫃

內垵遊憩區

內垵

西台

風櫃

龍舌角

歧頭

青灣

嵵裡

嵵裡

紗帽山 天德宮

澎公內港

成功水庫

遊客中心

馬公內港

興仁

菜園

烏坎

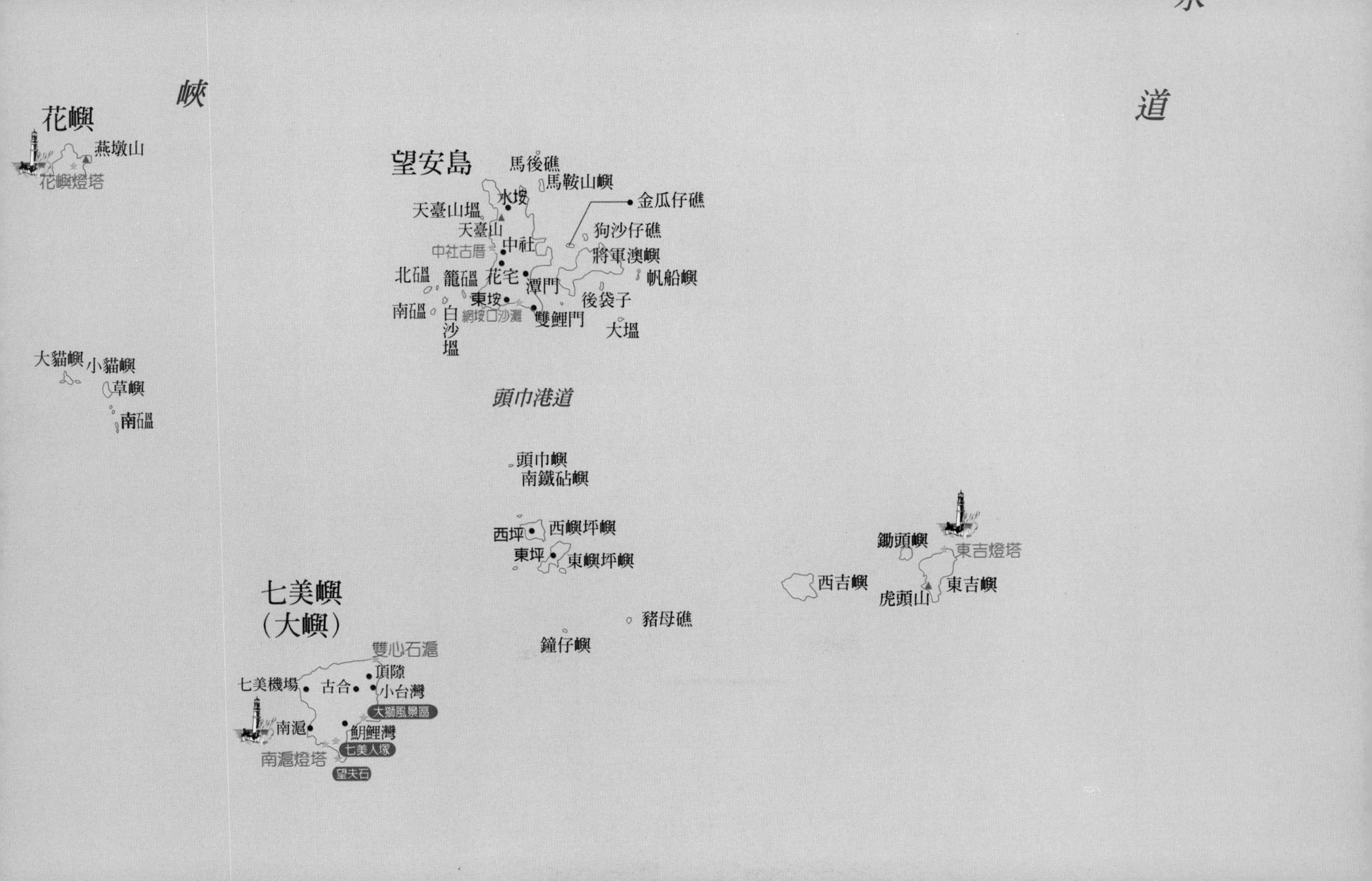

望安島

天臺山燈　馬後礁
　　　　　水垵　　　金瓜仔礁
天臺山　中社　　　狗沙仔礁
　中社古厝　　馬鞍山嶼
籠園　花宅　澎門　將軍澳嶼　帆船嶼
北園　　東垵　　後袋子　大塭
南園　白網垵口沙灘　雙鯉門
　　　沙塭

頭巾港道

　頭巾嶼
　南鐵砧嶼

　　西嶼坪嶼
西坪　　　東嶼坪嶼
　東坪　　　　　豬母礁
　　　　鐘仔嶼

西吉嶼

鋤頭嶼
　　虎頭山

東吉燈塔
東吉嶼

七美嶼
（大嶼）

　　雙心石滬
　　頂隙　小台灣
古合　　　大獅風景區
南滬　　　望夫石
狗踏　　　牛母坪
南滬燈塔

花嶼
燕城山
花嶼燈塔

大貓嶼小貓嶼
　草嶼
　　南㙔

「一個人在荒野裡馳騁很長一段時間後，他會渴望一座城市。」

在卡爾維諾《看不見的城市》中，青年旅人馬可波羅向著年老的大蒙古帝國之王忽必烈，娓娓道來一座座記憶、欲望、記號與死亡的城市。

一切似真似幻……。那是一次龐大的陸域蟻旅，用心靈之眼搜索隱匿的城市。

而從水平線的觀點出發，海洋是一張藍色地圖。327公里曲折海岸線形成另一座看不見的海上城市，絕大部分面積都被海洋佔據，僅有126平方公里土地是64座星星島嶼，一團灑落台灣海峽東南方、北回歸線一帶，那是菊島、那是風島，那也是漁人之島：無論在夜晚是否亮光，這64座島嶼統統歸屬於澎湖轄區。

這64座大小島嶼星羅棋布在南北長約60公里、東西寬約22公里的海面上，最東端是查母嶼、最西端是花嶼、最北邊是目斗嶼、最南則是七美嶼。其中以澎湖本島、白沙嶼及西嶼最大。

當一個人在海洋漂盪很長一段時間後，他會渴望一座島嶼。

海上城市的被發現，是更早於馬可波羅的東方之旅。

那或是在唐宋年間了，當福建沿海的漢人駕舟行於海上，他們累了倦了，便要尋找一座有淡水的島嶼暫歇休憩，這64座島嶼足以綿延長串的中繼站，他們搭起房舍，標示領域，創建起屬於他們的城市輪廓。但真正蓋章成為正式中國版圖的部分，則是元世祖至元18年（1281），在此設立了巡檢司，比起台灣的開發更早了四百年。

那時候，人們俗稱這裡為西瀛、澎海和平湖，因它位在台灣西側，四周海域和西南台灣淺堆都屬大陸棚，夏季黑潮支流北上，冬季大陸沿岸流南下，潮流洶湧，魚群豐碩，內海卻平靜如湖，形成最佳的漁港條件。

扼要的地理位置，使澎湖更加得天獨厚。據守著大陸與台灣的中站，自古即是聯絡東亞沿海和太平洋遠洋航線的要衝，清朝的劉銘傳說它是「閩台門戶」。也因此這裡曾發生過許許多多大小戰役，像是明清海戰、中荷戰爭、中法戰爭及中日二次大戰。

戰爭會過去，城市從廢墟中重新塑造自己的面貌。和其他以泥土構築的城市不同，這座海上城市是以玄武岩和死去的珊瑚礁砌造而成。

除了西側的花嶼——底盤由花崗岩構成，表面屬於大陸玢岩外，澎湖所有的群島地質都是玄武岩和珊瑚礁組成，整個區域屬於玄武岩方山海蝕平台。那些條狀似的柱狀玄武岩是火山活動的產物，火山噴發後，熔解的岩漿在攝氏一千度時，逐漸收縮凝固為六面體條柱狀裂隙，形成特殊的地質奇景。鳥嶼、錠鉤嶼、雞善嶼、員貝嶼等都被劃為自然保護區。

當人們擴張他們的建築與文明之時，海底死去堆積成的珊瑚礁——硓𥑮石和玄武岩便是最佳的厝身材料，硓𥑮石多孔隙、質地輕盈，在縫隙中填入泥土、石灰，冬暖夏涼；亦利用它的多孔性，相互嵌合密連成一道道堅固的擋風牆。

擋風牆將澎湖毫無山群遮蔽、長驅直入的東北勁風分散開來，

◎中社古厝的傳統閩式合院建築。

◎北海最大島嶼──吉貝嶼。

罩護著屋宇，也罩護著農田。遠遠望去，像是密密麻麻、交錯穿梭的蜂巢，時而攀爬澎湖特有的十稜絲瓜，便叫做蜂巢田。

海上城市面貌就此拂開來了，在高度七十公尺以下的遍野間，秋冬間枯萎成林、尚未在第一場春雨復甦的銀合歡樹群迤邐散去，一道道稜線便與春天綻放的橙紅天人菊襯成鮮明的對比。

天人菊是菊島的記號起源，它原是外來種，卻因繁殖力強、耐風耐旱的特質，而能在烈日與缺水和東北季風肆虐的惡劣天候環境下遍生成片，燦爛開花。花色種類繁多，但最具代表性也最多見的則是花蕊粉黃、花瓣橙紅、末端呈黃的品種。

越過天人菊，在裊野間穿行酢醬草與土丁桂黃紫綠意間，巨大的仙人掌開著黃色之花，叢叢錯落。仙人掌果實吃起來酸中帶甜，人們稱它：澎湖的紅蘋果，在白沙嶼通樑巨榕古蹟處，有數間專門製造仙人掌冰的攤販，其中一家是吳念真導演真情推薦，果然清甜爽口，名不虛傳。

海上城市最重要的靈魂，便是活躍其間的九萬多名人口，絕大半數集中在最大的城市——馬公，他們以海為生，捕魚之外，兼事農業，短期旱田裡種植著花生、蕃薯、嘉寶瓜和哈蜜瓜等作物。

在多風乾燥的氣候中生存，養成澎湖人堅毅韌力與崇敬天地的虔誠之心，許多精神仰賴象徵的辟邪物如石敢當，以及諸多林立的廟宇，共同慰藉著島嶼子民淳樸心性，期許一個美好的未來。

雖然未來，一切仍未確定！但，海上城市已經七百多年過去，

◎古老的天后宮。

總能以最初的繁華原型，做為下一次輝煌的典範。

關於城市古老的記憶

　　賦予海上城市現有新與舊總合的面貌，是時間之河雕塑的成績。

　　七百年來，有些居民徙來，有些居民離開，留下的建築仍然存在，為歷史的過場作下註釋，它們是海上城市的眼睛，偷窺著往日美好年代。

　　記載城市最古老的記憶，要數馬公市正義街19號的天后宮，這

◎張百萬故居張姓家族後代，仍保留樸實民風。

座供奉媽祖、俗稱「媽宮」的國家一級古蹟，不但是澎湖之寶，也是馬公地名的由來。

　　最早建造於明朝曆20年（1592），後清康熙23年因水師提督施琅奏請，而加封媽祖為天后，故易名為天后宮。四進式建築形式，包括三川殿、正殿、兩側護龍與後殿的清風閣，無與倫比的古建材搭配唐山名匠雕樑畫棟的精緻做工，整體呈現典雅素麗造型。香火鼎盛間，始終為澎湖人最高精神指標。

　　前清時代馬公雖被稱為「媽宮城」，但直到清光緒13年（1887）12月，才終於撥下經費建了城牆和六座城門，目前僅存順承門及

北門附近一小段城牆，成為遺蹟見證。在順承門拱形城門上的譙樓，是飽覽馬公港夕照最佳之處，也是旅人歇足停頓的片刻。

除此之外，號稱澎湖第一老街的中央街上還有一口馬公最古老的水井──四眼井，北門外建於清康熙35年（1696）的觀音亭，以及同樣建於清康熙年間中山路上的水仙宮，和碼頭旁十足日本風味的老電信局等等，在在追溯著海上城市所有的過眼繁華，傾聽旅人詠嘆的聲音。

不建議的旅遊──無人島豔陽下

如果擁有一座無人島，你會想在那兒幹啥？裸泳，做日光浴，或者讀一本安‧比堤的短篇集。

村上春樹君曾實踐這樣的夢想，他約了好友松村映三一起前往瀨戶內海某個私人所有的無人島借宿，原預期要悠閒露營個三天，沒想到無人島就是無人島，連要打發掉一天──曬好久的日光浴，讀好久的安‧比堤小說，卻還是漫漫無期……。

在澎湖群島中，也有無數座無人島，像是東北海一帶，擁有豐富柱狀玄武岩的錠鉤島、鳥嶼和員貝嶼；深邃幽靜海蝕洞的鐵砧島，白色貝殼沙灘蜿蜒的險礁，以及海蝕平台綿延的姑婆嶼等；南方海域間則有玄燕鷗、白眉燕鷗、蒼燕鷗等海鳥天堂的貓嶼，望安島東方的馬鞍嶼，全村於1977年遷移馬公的西吉嶼，和東吉嶼西北方的鋤頭增嶼等，都是無人居住的島嶼。

有些列為自然生態保護區的無人島規定不能隨意登岸，只能駐

◎澎湖北海險礁，擁有世界最潔淨的金色沙灘。

◎望安島的綠色草原。

◎有澎湖縣花之稱的天人菊。

◎網垵口弧形海灣。

足船上，目眺島嶼殊異瑰奇的地質風光，或觀賞上千隻夏候鳥玄燕鷗集體海上覓食的壯觀場面。

如果願意，當然也可以仿效村上君露營無人島的浪漫之舉，你可以浮潛，游泳，做日光浴排遣時光。但一整天下來，澎湖毒辣高照的豔陽，將狠狠地將你全身重新上色一番。

就在四月末的某個午後，我們僅僅在險礁待上45分鐘，就有一種脫水的無力感，那兒的白沙灘真美，我們軟軟地癱在貝殼沙上，太陽好曬，無聊感開始侵襲而來，當遊艇出現來載客時，那一刻很肯定：永遠不願住在一座無人島。不過說真的，那兒的沙灘真是太美了。

夢想跌落在網垵口海灣

也許，我們曾與上百個沙灘相遇過，有的沙灘開始發黑發臭，有的沙灘雖則潔淨，弧度卻太短，有的沙灘很迷人，但你知道那不是屬於你的……。

我們已經放棄去和一個心裡的沙灘相遇，就像夢想遙不可及，或許連這般抒情的念頭都被每天吸進的灰塵掩埋深處。

直到了黃昏時候閒散著，無意闖入望安島的網垵口——就算雲層厚重，就算打不開天空的窗口，就算夕彩兩三筆淡抹，沒有絢爛的華麗日落場面，當與一彎新月般的海灣沙灘初見時，竟是一種青春似的狂野心動。

那是適合想念的海灘，那是夢想跌落的地方。那平緩緩的坡

◎望安島的靜謐是最引人之處。

度，正好將靜靜拍打的潮浪擁抱入岸，那艘靜泊點燈的船，似乎永遠停駐海面，不曾離開過。那海洋的淡藍色澤散發純真氣息，與金色沙灘永遠相伴，那是一種永恆的信念，不容懷疑的堅持與如初之心。

那是絕對的安靜，一如這望安島洋溢的氣質，成為旅途上最完美的中站，可以在緊湊行進間穿插稍緩的呼吸。遊覽它，也帶著無束縛的純粹心情。毋須記敘什麼，也不必刻意發現什麼。

你只要到53公尺高度的天台山上吹吹風，沿著階級漫步，聽半天鳥歡欣鼓舞地唱歌，看天人菊迎風招搖。山頂的西北有塊一尺多長的呂洞賓仙腳步，很奇妙。

或者去到中社古厝，憑弔昔時花宅的盛衰榮枯，叢生遍處的番杏，攀越著傾頹敗壞的硓𥑮石牆，那些結構尚存的傳統三合院，似乎不甘就此湮沒在濱海蕭條的古厝區，仍持守古老的記憶。

你慢慢散步於這面積七點多平方公里，澎湖第四大的島嶼，在絕對靜之間，在遼闊草原無邊無際間，又與一隻牛相遇。

第一座最古老的燈塔
——西嶼燈塔

The oldest lighthous

有些古老的遺蹟記憶，

在地圖標示的位置裡，

等待了一百年、兩百年，

等待著一個旅人，踏入它的祕密深處！

也許，一百年、兩百年前，

那個旅人也曾經佇在那裡，

目眺著它的緩緩興起。

◎漁翁島燈塔是台澎地區首座現代化燈塔。

這是海上城市叩訪的初站，也是最古老的一站。

西嶼燈塔，一座二百多前年便已發光的燈塔之祖。

澎湖 3 號公路，寬敞，像筆一般直。馳騁，往往忘記了 100 公里的速度。

直到公路最末端，眼際浮掠而過——大批春季未綠的枯黃合歡樹林、綿延的硓砧石蜂巢田、鬼針草白花盛放的茫茫坡地，以及始終相隨的玄武岩海岸線，都可以拋諸腦後了。突出於西嶼西南角的燈塔之頂，已成為悸動的目標。

尋訪一座最古老的燈塔，要帶著什麼樣的心情？一種與歷史相撞的再發現——你永遠不知道，在世界與歷史的角落，有哪個地方，它在呼喚你過往的記憶，你只能去尋找，然後就在那裡，你與它相遇，啓開時間的神祕盒子，一種遙遠的記憶，呼之而出。

循著目標前進，車子在公路的終點處差點與一群牛擠在一起，放牧牛群的一位老兵，很悠哉，與牛一起漫步在濱薊、仙人掌與黃色酢醬草紛紛開花的黃昏平原。

輕輕越過後，軍營在望，而後十一公尺高的白色圓形鐵造燈塔就在後方。

海潮拍得很安靜，遼闊的海域等候夕陽垂落，一如這座兩百多年的二級古蹟燈塔等候旅人的足履蒞臨。

春天的油漆保養工作還在進行，百年前（1874）由英籍工程師DAVID.M.HENDERSON（韓得善）所設計的燈塔塔身，此刻已染上一層雪白的亮漆，立於更早一百年前的花崗岩舊基址上。塔身向上

◎十九世紀英籍工程師韓得善為中國設計了許多燈塔。

◎從清朝矗立至今的西嶼霧砲。

微微內縮著，形成迷人的姿態。上層為圓拱形鑄鐵燈罩及一只探測風向的古典風標。燈塔內設有螺旋鐵板樓梯，外圍則是鐵管欄杆圈成的鑄鐵工作平台。

關於燈塔建造的起源與修復過程，都盡書在庭院內矗立的一座「西嶼塔燈碑記」上。想到我們也擁有一座可與澳門燈塔媲美悠遠歷史的燈塔古蹟時，不禁有一種絕對的驕傲感。道光八年所立的石碑，因時間與海蝕風化而字跡模糊，新碑於 1999 年 7 月由燈塔主任林聰賜先生申請另立。

石碑另側，三尊清代中葉所設的霧砲猶面朝外海而立，那是為了防止黑夜或海上起霧時，鳴砲示警船隻所用的，三尊大砲中，

◎新舊「西嶼塔燈碑記」石碑。

口徑最小的是德國製的後膛大砲，其餘兩門皆是英國製的前膛鐵鑄大砲。不知它們曾拯救過多少迷途船隻。

　　從昔早點燃花生油到光緒元年改用二蕊煤油燈、裝設四等旋轉透鏡燈、每三十秒連閃兩次白光，至民國期間陸續改善為電石閃光燈、煤油白熱燈、四等旋轉透鏡電燈等，西嶼燈塔雖有著古老的軀體，但照明設備卻逐步隨著時代而更新。

　　1992年元月開放參觀以來，突躍為澎湖的觀光重鎮。七名燈塔工作人員加上一位燈塔主任，在份內的工作外，另要負起維護整個西嶼燈塔景點的重責。除此，在澎湖海域共有六、七座燈塔照明，西嶼燈塔還需扮演主要的協調角色。昔前燈塔工作人員，特

◎澎湖常見的濱海植物：草海桐。

別是離島地區一帶，尚有所謂父傳子承的家族事業現象，目前燈塔工作全面對外公開招考，這種情況不復存在。這裡的工作人員大多家在外垵或澎湖島，交通尚算方便。最資深的員工已在此待上二十三年，面臨過七名燈塔主任的替換領導。

庭院供人參觀的洋風建築房舍亦是古蹟之一，它以石塊砌築，內分上下兩層，是木造屋架，屋頂採取低緩的四向屋坡做法。屋簷的水平線腳突出入口的小玄關，與法式百葉窗戶造型相互輝映出少見的歐式風格。

踏出庭院外牆，敞開的藍洋在腳底，在暖風徐徐之中，刻著Nellyo' Dtiscoll姓名不知來由的清朝洋人古墓，似乎也與旅人一起歎息著昔日美好的創建年代。

台灣燈塔的始祖

西嶼燈塔是台澎地區創建最早的現代化燈塔，關於它的創建傳說，並非是媽祖顯靈指示之類的民間流言，而是根據中英條約規定：要求各港口點燈，以避船難。

西嶼外垵村原本是漁翁島西南端小漁村，其西方海岸向為台灣與廈門間主要航線目標，但該海域濤流洶湧湍急，夜間航行船隻不易辨識方位，常造成船隻沉沒。因而早在清乾隆十三年(1778)台灣知府蔣元樞及澎湖通判謝維祺，便集資募款，在外垵高地上興建塔基寬五丈，高七層，每層七尺的石塔。塔頂掛有長明燈，以花崗石砌成，稱之為西嶼燈塔。

DAVID M. HENDERSON 1874

◎西嶼燈塔為國內四座對外開放的燈塔之一。

燈塔前另建有天后宮及公館一所,合稱為西嶼院塔,為往來官員憩息之處。每夜點燃塔上燈火,奉祀天后宮內的天上聖母外,並作為台廈間船舶航行的導航標誌,成為台灣沿海燈塔的濫觴,亦是我國唯一史實記載的燈塔。

道光三年(1823),燈塔及廟宇因屢經風災嚴重損壞,當時澎湖通判蔣墉及水師提督陳元戎發起籌款重建,於道光八年(1828)重修廟宇,另在七層八角型石塔內安設樓梯,上裝三尺高的三段玻璃製燈籠,東北面遮掩起來,燈籠頂架樑,吊上鉛絲,下端裝置金屬環,縶著鐵鍋,裡面盛滿花生油,以五分粗一尺長的棉紗蕊點火,派專人掌燈,所需的經費由入港船舶各徵收五十文到一百文供應,這些經過都翔實記載於院內的「西嶼塔燈碑記」石碑。

光緒元年(1875),此燈塔已經創建近百年,塔舍腐朽不堪,加上當時正逢洋式燈塔在中國普遍使用,便由海關幫辦稅司於原址籌建西式新塔,而成今日所見空心圓筒平面之鑄鐵製燈塔。

扼守台灣海峽的西嶼西臺

距離西嶼燈塔不遠,在西嶼外垵村海拔53公尺的方山臺地上,居高臨下,三面懸崖峭壁環繞,便是形勢險峻、最佳天然屏障的一級古蹟西嶼西臺坐落之處。

清光緒十年(1884),著名的中法戰爭事起,法將孤拔率領遠東艦隊攻打台澎,澎湖失守,幸賴劉銘傳全力捍衛台灣,才得以保全局面。中法議和後,清廷深刻體悟台澎地位的重要性及海戰能

力的薄弱，便成立海軍衙門，授權劉銘傳為第一任台灣巡撫，並主持台澎防務大計。

劉銘傳特命第一任澎湖鎮兵官吳宏洛於光緒十三年正月，專請鮑恩士設計，興工建築西砲台，於十五年完成。清末澎湖的海防以砲台為主，當時西嶼兩個砲台──西砲台與東砲台，即今所稱西嶼西臺與西嶼東臺──扼守西嶼與虎井一帶的澎湖入海口，是確保媽宮澳（馬公港）的重要據點。其中西砲台更是防衛前哨，亦為當時澎湖地區火力最強、規模最大的砲台。

西嶼西臺佔地約 8.15 公頃，整體建築結構以下凹式古堡為主體，四周外垣圍以自然土堤，內垣則是由石塊疊成砲台設施，配上四尊 12 吋、10 吋、6 吋英式阿姆斯脫後膛砲，與東砲台、天南砲台等合為一道防禦內海的綿密火網。

古堡內設隧道式營房、糧房、伙食房、彈藥庫等，隧道寬 13 尺、高 11 尺，牆厚 2 尺，呈山字形配置，不但分散風流，形成採光通風良好的地下掩體，從頂端觀察，更看不出這是一座布局井然的軍事古堡，只以為是塊一般天然臺地呢！

繁華流年裡的豪奢姿影

有人說陳嶺、陳邦兄弟流露的是一種富人的俗氣，這當然要從名列三級古蹟、西嶼二崁陳宅說起。

百年前，這兩位兄弟在外開設中藥舖致富後，便返回二崁村陳姓家族聚落處大興土木，以澎湖特有的硓𥑮石，混合玄武岩，打

◎二崁陳宅是目前保存最好的家族聚落形式。

◎呈山字形配置的西臺古堡。

造起閩南五進式平房豪宅。不似一般澎湖傳統略嫌低矮侷促的合院格局，陳家古厝以十分大方、挑高的建築形式，呈現一派富麗堂皇的外觀。

正門的門楣上，有巴洛克風格的浮雕與鐘飾，鷹臨其上，雜以各有其象徵意義的魚與甕、瓜造型，傳現相當歐洲風格，那是屋主經常往來於南洋一帶所攜回的建築創意。尤有甚者，穿堂過門處，更襯以廟宇般的精緻天花彩繪與雕樑畫棟，大肆粧點富奢習氣。雖然其內部陳設亦書亦畫，刻意流露書香典雅的古樸韻味，但無論如何，那份豪放的姿態，仍無顧忌地展示在每一舉足的跨越間。

但就一個後現代主義者而言，陳宅的大膽建築創意，兼容並蓄地營造中西並存、美輪美奐的精緻 style，是絕對值得被保存流傳，作為繁華流年裡的另類古蹟典範。

【串連四座島嶼蜻蜓之旅】

由馬公驅車出發，沿澎湖3號公路前進，你可以來個白沙西嶼半日遊。這條寬敞公路分別以中正橋、永安橋和跨海大橋，連絡澎湖島、中屯嶼、白沙島和西嶼漁翁島，全程來回約90公里，租用機車或汽車是最方便的，或可選擇一小時一班馬公開往外垵的公車線，但沿途經過的景點將會錯失，到了終點外垵，還得徒步一段才能抵達西嶼燈塔。

白沙著名的景點包括鎮海的白沙海園，瓦硐的張百萬故居，往來北海、東海的赤崁港口，以及擁有三百年歷史的通樑古榕和跨

◎海岸線上密布的鬼針草花。

海大橋，亦是其絕。

　　過了跨海大橋看見一座巨大漁翁雕像，便是西嶼鮮明地標。竹灣大義宮勝境、小門鯨魚洞、二崁陳宅古厝、內垵塔公塔婆、西臺古堡皆是西嶼最負盛名的遊覽盛蹟。當越過了西臺餌砲，一座日據時代所建、虛擬誘敵的砲台之後，往前最突出的西南端斷崖處，西嶼燈塔已然在望。

　　領略過最美的西嶼落日，霞飛滿天之後，建議驅車折返馬公住宿，因西嶼目前暫無飯店旅館可供棲息，一路開車小心，澎湖 3 號公路肇事率可是大大有名。

【暢遊路線】

　　馬公→鼎灣→永安橋→中屯〈海釣場〉→中正橋〈照海〉→講美〈石雕彩繪五營頭及石敢當〉→鎮海白沙樂園→港子〈另棵老榕〉→岐頭海洋水族館→赤崁港口→通樑古榕→跨海大橋→竹灣大義宮→小門鯨魚洞→二崁陳宅→內垵塔公塔婆→西臺古堡→西嶼燈塔

西嶼燈塔快拍

位置：澎湖漁翁島西南端。

建造沿革：光緒元年（1875）年由海關另建洋式新塔，圓形鐵造塔身。裝設四等旋轉透鏡燈，點一芯煤油燈，每二十秒連閃白光兩次。1915 年改以電石氣閃光燈，每五秒閃白光一次，光力為 1700 支燭光─1938 年改用煤油白熱燈，光力增為 52,000 支燭光，後一次大戰輕微受損。1966 年改裝四等旋轉透鏡電燈，光力高達 800,000 支燭光。

塔高：11 公尺。

燈高：高潮面至燈火中心 60.7 公尺。

公稱光程：25.1 浬。

其他：1981 年增設電霧號兩組。

◎通往西嶼燈塔的寧謐公路上，牛群漫步。

小行星島嶼之光──目斗嶼燈塔

Penghu Archipelago

◎目斗嶼海域密布珊瑚礁群，是潛水最佳場所。

在遙遠的宇宙星圖之中，有座編號
B612 小行星，上面住著一位小王子。
那星球真的非常小，小到小王子只要
走幾步路就能繞完一圈。當然有個好
處是，只要稍稍移動一下位置，便可
再度欣賞一次落日。

平時，小王子的工作是照顧玫瑰
花，鏟除巴歐巴種子，在火山上熱便
當，當然也會有憂鬱的時候，有一次
他竟然連看了 43 次落日⋯⋯

◎澎湖北海極北端的目斗嶼燈塔。

在不算太遙遠的澎湖北海極北處，也有座像B612一般小的島嶼，孤獨地懸立在浩瀚的大海中，那是面積僅0.21平方公里、由玄武岩方山台地組成的目斗嶼。只要花十五分鐘，即可完成全島旅行。

那裡是否也住著一位小王子？

快艇似飛魚奔躍在藍色公路上，沿途許多島嶼快速地被拋在腦後，目標還在更北的北方。濃雲陰日，這不是澎湖慣常晴朗的天空，這裡沒有高聳的山群阻隔，通常留不住雲層的停棲，降雨很少，除非真是一個很壞天氣的日子。

越過吉貝嶼，北海的海上觀光據點之後，水色茫茫間，遠際一座黑白相間的巨塔，隨著前進的速度，逐漸放大於眼前，那正是目斗嶼的地標，人稱「北島燈塔」。

快艇愈趨愈近，終於投入它的懷抱，停靠在小小的碼頭邊上。

第一眼印象是：彷若大漠邊陲的一間簡易休旅棧。

那的確是！更早以前，這裡是漁民們燒煮丁香魚的中憩站。當時漁民駕的是手划式簡陋木船，捕獲的丁香魚如若不及時燒煮，等到運回販賣時早已發臭不新鮮，因此他們選擇目斗嶼做為處理場所。如今半山腰上還留著昔前硓𥑮石建造的屋厝與擋風牆，卻早已人去樓空，連奉祀的土地公也留給駐地的燈塔人員膜拜了。

碼頭很熱鬧，一艘載客的遊艇正靠岸，島主──燈塔主任和工作人員正忙碌搬運補給貨物。這裡沒有小王子，所有的居民就只是一位燈塔主任和五名守燈員，據守這座狹小孤島。

這一帶海域遍布暗礁，曾有五十艘以上百噸級輪船沉沒於此，是澎湖最危險的百慕達觸礁險區，於是興建一座燈塔成為非如此不可的命運交響曲。光緒25年（1899）開始造塔，但島上草木不生，也缺乏淡水，所有建材均得遠運而來，加上冬天巨浪狂風肆虐，一場艱辛龐大的施工工程歷經三年多，才終於在清光緒28年6月完成。塔身是銑鐵構成，高度39.9公尺，為遠東最高的銑造燈塔。

越過黑色玄武岩，從南端白色沙灘緩步拾級而上，經過小小的土地公廟，來到小島的燈塔所在高處，辦公室散發才漆好的油漆味，即連桌椅都染上一層簇新的白。

極目往南俯眺，除了海還是海。

在藍洋間隱現暗影，那是無數美麗珊瑚礁躲藏底下，適合浮潛觀賞。前方一道淺灘是過嶼，再下去則是吉貝嶼，當潮汐完全退下時，從目斗嶼可踏浪到吉貝嶼，這是近來流行的水上活動，卻相當破壞珊瑚礁生態，不值得鼓勵。

往北鳥瞰，亦是除了海還是海。

島北分布著暗棕色的片狀岩石，節理清晰，岩石經風化海蝕作用，形成特殊的海蝕溝，漲潮時隱入海水中，退潮時可容一人側身而入，是著名的海底隧道。

身居這座大海邊陲、四個籃球場大小的休旅棧，這六位居民在例行燈塔工作之餘，還得採集雨水供作日常所需、小心維護三台發電機以備燈塔之用、到海濱釣魚補充食物不足的欠缺……。

◎正在碼頭搬運補給品的燈塔主任（左）及工作人員。

固定航線未開放，平時船不會靠岸，假日偶現的觀光人潮很快會回去，島嶼安靜的聲音是潮來潮往的聲音；在一年年重複單調清苦的時日，他們該會像小王子，感到一種生命的寂寞感。一如島主燈塔主任所言：「這裡夏天是海上明珠，冬天則是海中監獄！」

但是沒關係，就算沒有43次落日可看，也還有一次最美的日出與日落；就算沒有世俗名慾高峰，也有真正的海闊天空，而至少六個居民總比一個小王子和一朵玫瑰花來得更熱鬧。

沒有淡水的島嶼

這裡沒有淡水，有的只是鹹雨。

沒辦法，目斗嶼就是這麼個鳥不生蛋的不毛之地，由於面積小而形勢低，特別在冬天，每遇強風襲捲巨浪上岸，拍落的浪花便如鹹雨下降一般，落得全島皆是。

沒有淡水是島上居民最頭痛的問題，只好靠智力與天搏鬥！一般用水得靠採集雨水、利用汆流原理方式取得，塔院內特別設置數個水櫃專門用來儲水，但澎湖的降雨量甚低，看天喝水在目斗嶼是無可奈何的宿命，老天不下雨，就算土地公也幫不了忙。

目前待遇稍微改善，每個員工可配給到一個月一箱礦泉水，如果家眷一起居住的話，可須更節約一點。

食物不足也是一大問題，因位在偏僻離島，容易腐壞的肉類食品無法經常供應，燈塔人員只好自力救濟，到海邊釣魚，打撈長

螺貝類，作為營養的補充。而三部發電機更得照料仔細，島上無電，全靠這三台寶貴的發電機，操起燈塔的運轉工作。

　　離島駐守人員雖有加級補貼，每年5月及9月海關運星艦也會固定前來補給一趟，但畢竟地處偏遠，交通不便，一切日常所需及修繕，還得靠十項全能的守燈人員自己DIY。

　　幸好此地員工大多家在吉貝，萬一完全困陷時，還可以踏浪返家呢！

鐵巨人──全國最高的銑造燈塔

　　目斗嶼燈塔塔高39.9公尺，燈高49公尺，猶如北海中一位十幾層樓高的鐵巨人，是我國及遠東地區最高的銑造（生鐵）燈塔。現已近百歲高齡，因保養得當，外觀仍無歲月刻痕鏽跡，黑白兩色相間的塔身，成為最危險海域中醒目警標。

　　1902年建成時，使用一等旋轉透鏡四重燈芯煤油燈，光力206,000支燭光，每20秒閃白光一次。1910年改裝煤油白熱燈，光力增至500,000支燭光。

　　二次大戰期間，燈籠、燈器及房舍都被炸毀。

　　1947年改裝五等臨時直流電閃光燈，每12秒連閃三次白光，光力3,000支燭光。

　　1964年改建塔頂，換裝新式四等旋轉透鏡電燈，每20秒一閃，可自行發電發光，光力增至1,500,000支燭光，射程達26.8浬。

　　1952年辦公宿舍重建為今天的規模，一般燈塔房舍格局為二房

◎沒有淡水的目斗嶼，
得接集雨水供日常之用。

一衛一廳，內部簡易舒適，與燈塔整體樸素風格貼近。

種海芙蓉的男人

　　法國文學大師讓‧紀沃諾筆下曾創造了一名製造綠色奇蹟的「種樹的男人」，他以不為人知、無比的毅力將整片光禿普羅旺斯山區，化為生機蓬勃的茂密森林，那是人類一生最美、也最偉大的夢想。

　　同樣的，今天年輕的目斗嶼燈塔主任也有這般夢想。身為一島領袖的他，除了自我期許改善員工生活水平、管制用水、自掏腰包載運補給品等重大管理事項外，對於這轄下的禿島領土，他希望未來能大量種植海芙蓉，徹頭徹尾將小島改裝換面，成為美麗綠化之島。

　　海芙蓉屬菊科植物，又名芙蓉菊，是多年生亞灌木，分枝甚多，高20到100公分，全株密生灰白色絨毛，葉莖具有特殊香氣，外形搶眼突出，具有行血去風、逐濕除痛、消腫解毒等功效，是重要的藥草之一。

　　海芙蓉生命力旺盛，不需大量泥土，在蘭嶼、綠島、澎湖等海

岸都栽培成功，深深祝福這位想種海芙蓉的男人能夠實踐他的偉大夢想。

【前進北海離島之旅】

由白沙赤崁港口出發，你可以來個澎湖北海半日遊。這條藍色公路囊括吉貝、險礁、姑婆嶼、鐵砧、目斗嶼整個大北海海域，你可領略北海最大島嶼——吉貝最著名的沙尾海灣、長達數千公尺黃金海灘的豔麗風采，欣賞碼頭邊上紅黑相間的木魚石敢當，亦可深入海上樂園各種有趣的水上活動；而後一睹險礁沙灘、最大無人島姑婆嶼及鐵砧島海蝕洞等特殊地質景觀，最後在目斗嶼眺看巨大燈塔，或可潛水珊瑚礁，但務必注意安全，這一帶海域可是名列澎湖「一磽」危險地區。

【暢遊路線】

馬公→赤崁→吉貝〈海上樂園、黃金海灘〉→險礁〈白色沙灘〉→姑婆〈海蝕平台、紫菜盛產地〉→鐵砧〈海蝕洞〉→目斗嶼〈燈塔、海底隧道〉

目斗嶼燈塔快拍

位置：澎湖目斗嶼上。

建造日期：光緒二十五年至二十八年（1899～1902）年建造。

塔高：39.9公尺。

燈高：高潮面至燈火中心 49 公尺。

公稱光程：26.8浬。

◎ 39.9公尺高的目斗嶼燈塔是我國最高的銑造燈塔。

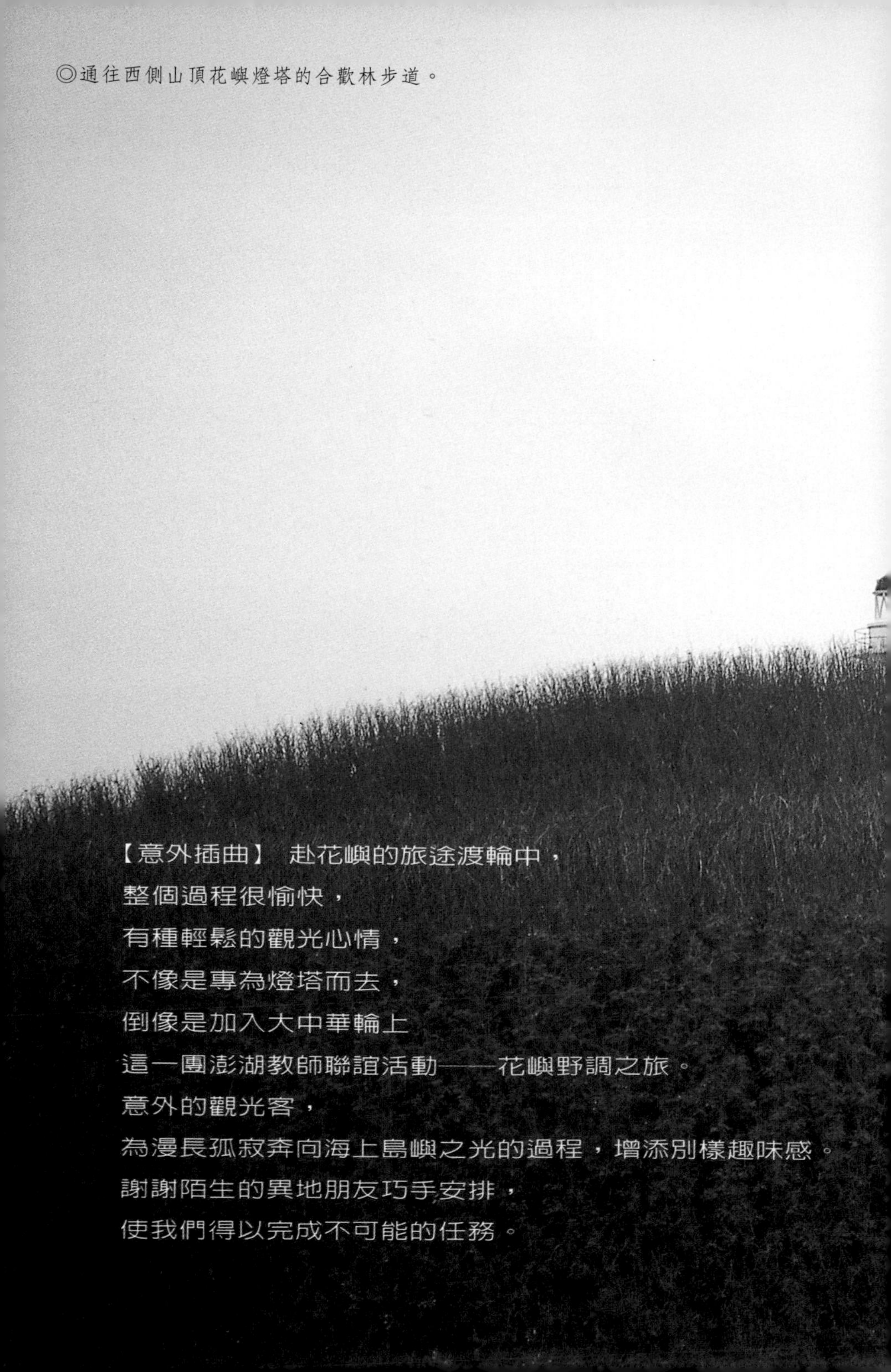

◎通往西側山頂花嶼燈塔的合歡林步道。

【意外插曲】 赴花嶼的旅途渡輪中，
整個過程很愉快，
有種輕鬆的觀光心情，
不像是專為燈塔而去，
倒像是加入大中華輪上
這一團澎湖教師聯誼活動——花嶼野調之旅。
意外的觀光客，
為漫長孤寂奔向海上島嶼之光的過程，增添別樣趣味感。
謝謝陌生的異地朋友巧手安排，
使我們得以完成不可能的任務。

輕颺飛舞——花嶼燈塔

夢島初旅

◎設於 1939 年，我國最西端的花嶼燈塔。

從一個島嶼到另個島嶼，不同島嶼特質予人不同的生命印象。

在旅途上，大海船行起伏間，懷著無以名狀的期待，不知即將面對一座什麼樣的島嶼樣貌和燈塔形態。

不同於其他諸島玄武岩地質所帶來貧瘠土壤的荒蕪感，這是一座繁花輕颺飛舞的綠色夢幻島。當腳步著陸時，第一眼的島嶼印象便與期待緊緊扣合。

花嶼，沒錯，便是這般繽紛面目，衍生這樣的地名由來。

花草青蔥，是花嶼。

追溯到更早──清朝康熙 33 年（1694），高拱乾在修台灣府志時，就已經沿用了花嶼名稱。而至少有三種說法做為支持，其中最可信的是「花草青蔥」。

兩百或三百年前吧！從金門移徙而來的島上先民，集體落戶在島嶼南側背風及類似溪谷地形可以積水的坡地間，那兒有港灣，距離貓嶼一帶漁場也較近。

在這之前，他們曾擺盪經過澎湖63座荒涼群島，終來到這北回歸線以南、地理疆界最西的第64座，亦是最古老的一座島嶼，立即為島上繁茂海濱植物延伸成盎然綠意而驚呼連連──「花草青蔥」呵！然後他們留下來了，留在這面積約1.55平方公里的夢幻花嶼，最高人口紀錄曾達千人，現僅存三百多人。

如今我們也懷著同樣的讚歎心緒，初訪台海領域最西端的花嶼閃亮之光。碼頭旁岔開一條之字型寬敞山徑，是前往的唯一途徑，兩旁偌大枯落合歡林盤踞山頭，下層襯托以蔓延叢生的番

杏，層次分明有致，「合歡林步道」將夢島綴得更加詩意。

灰面鵟正好群飛過境，天空如黑影飛掠。

很快到達山頂，急風吹響，合歡林換作滿山土丁桂紫色小花，美麗的白色之塔就駐留山頂，被山崖邊上傾頹剝落的防禦牆護守於內。一座沒有宿舍建築、只有塔身的燈塔所在地——僅有一位管理員住在山下，負責燈塔的管理及維修，當點燈熄燈之際，便上來處理每日例行工作。

正方形的燈院廣場，幾株文珠蘭恣長著。院牆外，緩坡而下是一道道日據時代發動全島島民搬石堆砌、長達兩公里的雙層防禦牆，從花嶼燈塔一路延伸到煙墩山下，看起來極壯觀。

燈塔設於 1939 年，亦是日據時代所造。塔高 12.5 公尺，燈高 64.6 公尺，裝設四等電石氣閃光燈，每五秒閃白光一次，光力達 1,600 支燭光，可達 10.3 浬射程。二次大戰期間因缺乏電石氣，因此停止發光，直到光復後才修復發光。

夏初，海風吹拂，花嶼一片翠綠，登臨燈塔坡頂，俯瞰全島，欣賞台地起伏，是這兒最美的風景。

從燈塔北側殘餘防禦牆眺望海崖，大海邊上有一座人形風化石柱，由不同角度觀看，有時像位武士，有時似尊觀音，當地居民稱為「石人」。

雖然花嶼燈塔沒有留夜駐守的人員，就算有人也僅僅一個，但海崖石人卻與燈塔共同矗立著，同樣成為海上矚目的焦點，捍衛這一片水域。

說起來，花嶼燈塔是澎湖群島各燈塔中最具寧謐之美的一座，好像可以坐在這兒打禪，或者讀書，靜靜憑弔傾倒的牆垣，欣賞滿地繁花盛開。

　　或許這是因為僅有一名管理員的關係，使它顯得格外單調，而原來這種絕對的靜與恬美，亦是整座花嶼的島嶼風味。

澎湖群島中最古老島嶼

　　花嶼之所以擁有成片蔥籠綠毯的主因是──它的土壤介於微酸性與微鹼性之間，較利於植物生長。它的岩相以安山岩為主（非澎湖群島的玄武岩），受不同岩性岩脈侵入風化，而成不同顏色的岩層風貌，土壤黏性強，表土質地較粗，含有大小不等的石英粒及

貝殼等。

　　事實上，整個澎湖群島依火山活動的形式及岩漿種類，分為澎湖火山島群和花嶼火山島。而就地質來看，花嶼原應屬大陸的一部分，後因板塊運動才造成分離，它的火山島岩石形成時間比澎湖火山島群更早數千萬年。澎湖火山島群活動時間距今約1700-800萬年前，而花嶼的岩石變質年代距今約6500-6000萬年前，原岩年齡則更早三千萬年，可見其地質活動之久遠，是澎湖群島中最古老的島嶼。

　　這座最古老的島嶼和澎湖其他大小島嶼一樣，是一座小方山狀熔岩台地，平均30-40公尺。全島最高點是位於東北側53.3公尺高的煙墩山，由此而下四周漸趨平緩，到西側燈塔附近又上升為

◎日據時代建造的雙層防禦牆。

50 公尺。

　　島的周圍皆是高度20多公尺的斷崖環繞，海岸線曲折蜿蜒，由岩岸及礫石灘組成。由於地質特殊，加上早期火山運動及各種侵蝕作用，使花嶼產生多變的火山熔岩景觀、風化作用景觀、流水侵蝕景觀及海蝕、海積地形景觀，成為地質之旅必經勝地。

彷彿漫步歐洲草原上

　　天空，很希臘；草原，非常歐洲！

　　這是初次漫遊真實草原的奇異經驗，事後回想總以為像愛麗絲一樣誤闖仙境。

　　離開島嶼西側的燈塔，沿海岸線旁如蛇般雙層防禦牆，朝東北方煙墩山而去。

　　隊伍拖得很長，一路上盡皆是形態各異的岩層風貌與地形景觀，那些石英安山岩脈或者流紋岩脈，在在記錄著千萬年時間的流逝。

　　然後，一片無盡草原，被誰鋪列在地表上，迎接一支野遊的隊伍過來。

　　足履踩在上面，草葉摩挲褲管，一種特別的行進感受——那是南國薊、馬齒莧、裸花鹼蓬群落織造的綠毯，整片綠延伸開來，繽紛野花綴得五顏六色，好像在跳舞。

　　春光正燦漫，跳舞的花朵似乎重複先民所說：這是座花草青蔥之島，但是這兒土壤雖較利於草木生長，季候卻不如此配合了，

漫長東北季風與鹹溼西南氣流，讓島嶼留下真正耐風、耐鹽、耐旱的植物生態相。其中最特殊的是岩石附近風化土壤形成的裸花鹼蓬聚生地，及岩石下的全綠冠眾蕨和天門冬，草地的植物生態則以馬尼拉芝為優勢，與裸露地接壤處散佈著濱刀豆植物，與合歡林邊緣則有圓葉藜植物。

隊伍沉醉在草原裡各色跳舞的花朵間，愈行愈緩，以心的眼睛記憶它們的容貌和名字……，如此漫走，心想著一輩子裡應和最愛的人一起在這草原步行一遭，因為這可是最美的一趟散步呵！

飛鳥海上的家——貓嶼

渡輪從花嶼向南再行駛，夾起浪花拍入船側，要往地域邊界處，西方以南而去。

在茫茫壯闊的深海上，成千上萬隻飛鳥們飛吧！佔據一座貓嶼無人島，在此繁衍孕育後代，春季北上秋日南移，或者春日南遷秋季北徙，輪番交替於這偌大貓嶼海域。

鳥的種類很多，飛起來幾乎將天空遮蔽，牠們躍然海面，捕食魚類。龐大鳴聲與潮聲形成二重奏。主要棲息者是萬餘隻的燕鷗，大多是玄燕鷗和白眉燕鷗，其次是蒼燕鷗、小燕鷗，及岩鷺、小雲雀、翠鳥等少數留鳥。春天的過境期，另有30多種鷸、鴴等候鳥現身島上。

這是澎湖最著名的鳥島，也是最高的島——西南端最高處海拔79公尺，為澎湖第一高峰。外形正像兩隻大小貓面面相看。

又是一個有名的章回式傳說，串成它的歷史沿革，還扯上其他兩座島。相傳望安和花嶼原本是相連的，當八仙過海時，呂洞賓因為內急而跨在兩個島嶼間出恭，但因貓前來惡作劇，一時情急，腳一蹬，不僅把兩座島分開，也各留一隻腳印在望安島天台山及花嶼東南側礁石堆中，而為了懲罰貓，便將牠栓在柱子上，便是今日貓嶼前的柱狀礁岩。

由於島上鳥類生態豐富迷人，貓嶼海鳥保護區便成為國內第一個野生動物保護區。當春季北返，夏季繁殖之時，都是鳥況的顛峰盛期。

【跨入南海離島地圖】

以澎湖本島劃分，東北及北方海域通稱北海，以南則為南海。兩者間水況有很大差別，北海多淺礁，遊樂多以水上活動為主，南海海水較深，可容納一般大型交通船往返，南海以望安島為核心，囊括鄰近十九個島嶼合為望安鄉。而一般遊艇公司規劃的南海一日遊，行程多以桶盤、虎井、望安、將軍、七美等島為主。個人如欲前往花嶼，須在馬公搭乘固定交通船，到該地住宿兩晚，再乘交通船返回馬公，是另種更富野趣的深度主題玩法。

【一般南海路線】

馬公→桶盤〈柱狀玄武岩壯麗海崖〉→虎井〈玄奇虎井沉城〉→望安〈第一高峰天台山、花宅中社古厝〉→將軍澳〈熱鬧小香港、船帆嶼〉→七美〈七美人塚、望夫石、雙心石滬〉

花嶼燈塔快拍

位置：澎湖花嶼山頂。

建造沿革：1939 年設立，裝設四等電石氣閃光燈，每五秒閃白光一次，

光力為 1600 支燭光。

塔高：12.5公尺。

燈高：高潮面至燈火中心 64.6公尺。

公稱光程：10.3浬。

◎花嶼早期建築，採屋脊(以石)壓樑法。

漸層的天光，穿過厚雲層，灑洩海面。

柴油味瀰漫，引擎聲嗡嗡叫響，以成一種單調的背景音樂。

這一艘開往東吉嶼的萬富興漁船，

正緩步邁動著，迎著三級多海浪，搖晃。

海豚一面起伏的布幕，

看太久，會幻想底下是否藏一架沉淪的鋼琴，

正敲著嘩啦啦的潮流梵音，歌頌著什麼？

映入海面之鏡一一扭曲失形的舊時華麗年代。

◎從望安搭往東吉嶼的漁船。

記憶失形的華麗年代
——東吉嶼燈塔

◎東吉嶼燈塔為澎湖最東端的燈塔，距離台南僅 38 海浬。

◎東吉嶼燈塔內部旋轉式樓梯。

我們來到這裡——澎湖最東邊的島嶼，卻離台灣最近（距馬公23海浬，距台南38海浬）。

　　我們來到這裡——昔時「小上海」名稱一時，臉上塗抹胭脂水粉的「東吉查某」盈盈發笑，雕欄玉砌，春風十里。

　　對於今日東吉嶼的描述，必須涵蓋它的一切過往，那盛極一時的華麗年代，都流入水了，只在波光粼粼之際，因光而閃爍了一會，而後又沉寂似今。

　　這曾是廈門往來台灣間最後一個有淡水的島嶼，亦是重要的交通中繼站。

　　歷史曾在此呼吸，造就紙醉金迷的輝煌，因接駁貿易而衍生無限榮華，接連的酒家歡樂，華美的紅瓦高樓興起，在僅僅1.54平方公里的海上島嶼，曾薈萃二千多人口盛況。

　　但歷史很快走遠了，當台海之間切斷了那條共生的臍帶，成了兩條脫軌的平行線，歷史就很難回來。於是這座島迅速衰微了，不需要它再擔任兩岸的中途島，它衰微地很快，胭脂水粉一卸妝後，面容便完全不堪了。

　　那兩千多人去了哪裡？消失在風裡，消失在海裡。他們轉往了高雄、台南，依著海的指引，當起捕鮪魚的遠洋船員，海畢竟是永遠的家。他們一個個攜親帶友，終至1960-1970年代整批急遽外流了，到了1986年，輕輕數算，島上僅剩三十名無法遷移的老年居民。

　　如今2000年，雖仍有三十六位居民，其中十八位卻是因公駐守

的公務員，而燈塔工作人員佔去三分之一。

當昔前繁華褪色成了廢墟，燈塔猶屹立不搖，猶為東吉嶼最突出的地標。

我們來到這裡，還不及閱讀凋零殘跡，眼光卻都落在24.4公尺高的偉岸巨姿了。

但碼頭周遭曾經最雲集熱鬧之區，此時完全寂寥的兩層樓房群，仍令人記憶起它們的過去。在窗櫺、在簷角邊飾，在磚瓦上，許多的地方，都訴說著過去。

越過了歷史，奔向台地高處，是滿山的青蔥之綠。清明節掃墓時曾引起了一場小火災，草很快又長起來，成為野放羊群與珠雉奔跑的天地，台航飛機殘骸遺落在山坡。

山道緩坡直上，到達台地山頂，是一片廣袤的平原，有日據時代砌造的一方方擋風牆，牆內曾種植玉米、高粱，而今也是山羊們的勢力範圍。

在台地高處平原最北端，黑白相間的東吉嶼燈塔就地矗立，兩旁鮮明的綠原與藍海顏色構成了最美視野。本來東吉嶼稱做東急嶼，那一道冬日水深浪大的黑水溝就在右側，形成東邊的急流，亦是海域危險地帶。

最早於1911年建立一座鐵架燈塔，上裝設五等電石氣閃光燈，光力僅800支燭光，並未派人駐守。

1938年燈塔徹底重建，塔身改築鋼筋混凝土，裝置三等旋轉透鏡煤油白熱燈，每十二秒一閃，光力增強為20萬支燭光，並造了

宿舍，派專人看守。

　　燈塔的興建完全出自日人的手筆，當時海軍從台灣載送建材至馬公，再到東吉，並以牛車沿牛車道一步步拖運而上，過程極為艱困。日本人之所以建造燈塔，是準備下南洋打戰，擴展帝國版圖之需。

　　而之前曾有位老燈塔主任，任職十多年，是個赤腳醫生，看管燈塔、順便在島上幫忙看病，後返回台灣退休。目前正值壯年的燈塔主任也已在此十多年，不知何時該是離去時候。

　　身處已然蕭條沉默的東吉嶼，從早先酒肆客棧林立，到今日孑然一身，什麼都沒有，沒有市場，沒有餐館，僅有兩間小雜貨店，餓了可以吃一碗泡麵；蔬菜是燈塔工作人員的媽媽提供，肉類很少，羊、雞吃得到，釣釣魚做食物的補充；感冒生病，有位派駐的剛畢業保送生護士可以發個藥。

　　歷史的輪軸不知何時能再流轉回來，想當年沒落「金仔山傳奇」的九份，如今又是電影主景觀光勝地，一個九份子弟吳念真重塑了它的輝煌，而東吉嶼「小上海」的外流子弟們，除了成立同鄉建設促進委員會——爭取交通補貼、修理破損房舍、種植椰樹綠化等等之外，是否也能流傳一部華麗年代記錄史。

隨歲月而走的燈塔人

　　與人的互動，是此次造訪島嶼之光最殊異的旅行主題。而固守東吉嶼燈塔已達十五年，在此度過現下人生三分之一歲月的燈塔

主任，則是最具代表性的人文奇景。

　　46年次的他，放棄了原有雕刻的祖傳天賦，於1982年從事燈塔工作，而後1985年踏入了東吉嶼這座島嶼，便落戶為澎湖居民，見證著島嶼逐步衰頹沒落，甚至連小學、中學都撤走的無常命運。

　　雖然對於東吉嶼未來前景仍不表樂觀，但天性裡流動的純樸熱情與阿莎力性格，仍使他對於島嶼的發展充滿關心。數年前，核廢料尋找最終處理場所，原將目標預定於此，後經他們聯合抗議而作罷。

　　他的燈塔管理哲學，則始終堅持人性化管理方式，充分授權給資深員工運作燈塔事務，而盡其所能照顧員工之需，因地處偏遠，加上交通不便，連同他共五名的工作人員，必然得形成一支合作無間的小團隊。

　　別小看這支團隊，他們可是東吉嶼的島上尖兵，平時保養、油漆、打掃、清理水井、除草等工作之餘，遇上村裡老年居民需要服務時，還得敦親睦鄰地幫忙搬運貨物等。十多年前，台航一艘載有十三名旅客的螺旋槳飛機在此出事墜落，當時他們也來幫忙搶救，並協助將兩個引擎抬回去。

　　這支團隊以四十年紀居多，年紀最大的近六十歲，其中一位吉貝村人，三位是東吉嶼人，但家都遷到台南，而燈塔主任則原為台北縣人，現家在馬公市。

　　交通不便，是此處燈塔工作最大的困境，也讓每一位工作人員

©Augustin J. Fresnel 光學透鏡組的設計，是燈塔光源最卓越的發明。

©東吉嶼燈塔房舍。

返家成為一趟漫長的艱辛之旅，他們得租漁船到望安，再從望安乘交通船至馬公，轉往吉貝或台南。

交通不便，亦為東吉嶼的遠景設下障礙，無論開發為度假村或開採枕木石原料，無論可行或不可行，套句房地產名言：要維持房市增值不墜，除了動線還是動線！

不管動也好，不動也好，隨歲月而走的燈塔人，只要將燈塔的光運轉起來，他的生命也就亮起來。

東吉嶼燈塔的心臟

燈塔的主體核心──燈器，可說是燈塔的心臟。

它是燈塔的發光來源，而運用特殊的光學原理，亦可像變魔術一樣，將千瓦的燈泡之光，幻化為數十萬支燭光光力。

東吉嶼這一組燈器為東京日本信號株式會社於昭和13年2月所製，原為法國人Augustin J. Fresnel所設計發明的光學鏡片組，稱為Fresnel lens，是燈塔光源有史以來最卓越的發明。

Fresnel lens外形看起來像個玻璃蜂窩，由數百片甚至超過一千片磨光玻璃構成。在主燈泡兩旁各有一組Fresnel lens，中間設有增強光源的牛眼玻璃設計，叫做bull's-eye。

當夜晚之時，東吉嶼燈塔預備發光，圍繞於四周的Fresnel lens立即把一千瓦燈泡主光源折射聚焦於牛眼後，形成強大光芒發射而出，光程可達21.5浬之遠。

一般附有牛眼設計的Fresnel lens是作為旋轉閃爍光之用，反

之，中央處僅有平滑玻璃，則是固定光之用，而之所以能夠閃爍光的原因是：有兩個對稱式鏡片組旋轉之故。

二次大戰期間，東吉嶼燈器的透鏡鏡片曾遭美軍機槍掃射，留下些微破損痕跡，雖不影響照明，但製造該燈具的東京日本信號株式會社現早已不存在，將來燈器損壞的話，並無備用品可替換，因此只能靠平時保養功夫，再罩上燈幔避免陽光照壞透鏡，來維持其壽命。

過去使燈器旋轉起來，得利用手動式的齒輪，一轉 90下可支持3小時50分，調校齒輪成為非常重要的工作之一，目前已改為電動式旋轉，方便作業。

有趣的是在燈塔牆壁上綴有數個圓形古典銅飾，猜猜看，那是什麼？原來是空氣窗，中間有一小小旋扭開關，可以控制空氣的流通進出，相當富有創意且具美感呢！

神祕的紫色土丁桂

在澎湖各島嶼平原上，處處尋得著這種

東吉嶼燈塔快拍

位置：澎湖東吉嶼北角崖頂。

建造日期：1911年設立。

塔高：24.4公尺。

燈高：高潮面至燈火中心67.1公尺。

公稱光程：21.5浬。

◎澎湖海濱特有的草本植物：紫色土丁桂。

圓葉土丁桂紫色小花，一整片地開放著，散發神秘的夢幻氣息。
同樣在東吉嶼燈塔偌大的庭院草地上，土丁桂肆無忌憚地綿延，
成為籠罩台地高原上的面紗。

　　這是海岸沙地、草地及路邊常見的伏生多年生草本植物，莖橫
臥，四面散開，緊貼著地面或斜坡，避開強風吹拂。多分枝，莖
葉密被銀白色絹毛。據說有壯陽妙用，是澎湖的威而鋼哦！

【一輩子的紀念之島】

　　欲前往東吉嶼是件相當麻煩的事，必須到望安島接洽船隻，雖
然望安鄉公所每週三、六有固定交通船往返，但平時不會有什麼
船客，每開一趟就多浪費一趟油錢，所以無法確定是否如期開
航。最好方式是租船前往，通常單程一趟2000元不等，東吉嶼無
住宿處，得再乘船返回望安島棲身。

　　此趟東吉嶼之行該是旅途中最昂貴，也最難得的經驗，有些地
方，你去過之後，很可能一輩子不會再去了。在此感謝燈塔主
任，於我們臨走之前，漁船急催情況下，還務必請我們在碼頭雜
貨店吃上一碗五十元的泡麵，以盡地主之誼。

南島之南

◎七美海岸線。

七美傳奇
An islet of legends
——南滬燈塔

望安的靜、七美的美，
向來是宣傳標語似的Slogan，
打印在觀光手冊上，
但除此之外，
七美的風韻還在於它的傳奇色彩。
在這南島之南的南滬燈塔，
是西瀛海上列嶼之光的末站，
亦是海岸線最壯麗的延伸。

◎七美南滬燈塔建於 1939 年，是澎湖最南的一座燈塔。

賦予這座島嶼生命的乃是一代接續一代的傳奇事蹟。

關於它的地名：七美，也是一則傳奇事蹟——敘述七位美人含冤受辱，寧死不屈的高尚情操。只是不知為什麼，所有此類傳說都是如出一轍的哀怨悲情，也許如此才顯得感人而值得流傳千古千世。

千古千世以後，七位美人的墳長出了七棵香花樹，成了官方指定觀光景點，門票費30元，1949年亦從原稱「大嶼」更為此名。

這是澎湖群島最南端的島嶼，面積6.98平方公里，是澎湖第五大島，也是高度僅次於貓嶼的第二高島嶼。東高西低的切割方山地形，散落了六個村，村落裡櫛比鱗次的閩式硓𥑮石建築與華美樓宇錯列而成富庶的風光。

富庶，或許是拜交通要衝之賜，從馬公去到高雄，這兒是最後一站，也是距離最近的一站，也因此，曾為大陸移民的中繼點。

旅途已到了盡頭，在這南島之南。

陽光乍然出現，最燦爛的日子裡，喧鬧的南滬港碼頭紛亂湧動的人潮集中在船靠岸的地方，迎賓送客，夾雜兜售販賣的叫喊，因地利之便使這西南角的南滬村南滬港成為人口最密集之處。

由此開啓了環島七美一日遊，南滬港既是起點也是終點，14.4公里的海岸線圈成一個略似三角的形狀。往南，越過著名的七美人塚，就在美麗的望夫崖一帶——南滬燈塔即敞開在略起伏的坡道旁。

在入口處，一塊說明木牌上，簡略地介紹著：七美南滬燈塔建

於1939年(日人所建)，塔高8.3公尺，燈高40.8公尺（高潮面至燈火中心），每十秒二閃，光力2,600支燭光，公稱光程11.3浬，是澎湖最南的一座燈塔，亦是澎湖南方海域船隻航行指標。

斜坡院牆內，已栽成簡雅的庭園景觀，鐵樹與木犀花分列錯落。資深管理員許先生正和另名年輕的管理員一起油漆牆面，一個刷著圍牆，一個刷著宿舍。

這位資深管理員2000年夏天就全面退休，他是這座燈塔台灣光復以後第三位完全守燈員，之前兩位早已作古，從1965年駐守至今，35年過去——時間走得很快，船的速度永遠追及不上。

35年重複的日子也可以算是一夕之間。一夕之間，他從29歲青年變成了一名60多歲歐吉桑。

燈塔，指出南方24浬南淺暗礁的位置，燈塔也撫養著他六名孩子長大成人，最大的孩子如今已是中年人。

「打近海的魚賺不多，鄰居介紹來此顧燈塔，可惜沒去跑遠洋漁船，沒賺到錢！」這或許是他此生的遺憾之一。

從原先的捕魚郎到燈塔守燈員，最大的轉變是他回到了陸地，把光輸送到海上。對他來說這份工作就像校長兼敲鐘，亦文亦武，什麼事都要會做，公文要會寫，燈要會修。剛來時，也什麼都沒有，只有一座燈塔孤立在青蔥草地崖頂上。1989年七月宿舍、倉庫、圍牆陸續才建妥，而燈塔原歸澎湖區漁會管轄，1979年才隸屬於海關。

因此座燈塔為露天式燈塔，最艱鉅的工作任務是燈內的水晶玻

◎南滬燈塔是南方海域航行的重要指標。

璃須一年保養兩三次，而燈外須十五天擦拭一次，到了九月至十二月多風季節，夾雜大量鹽份與泥灰，更須一天擦拭一次，鹽垢覆住燈罩，刮除下來夠一家人一輩子吃不完。

每逢燈器故障則更麻煩，因燈器露在外頭，需要兩人一上一下合力維修較為方便，但過去一人看守時，總要呈現孤軍奮鬥的窘況，所幸兩年前終於再增一名新員工幫忙，兩人輪流值班，據守這座五等電燈燈塔。

人在人去，2000年夏天之後，老守燈員就要離開一生的職守，回到他的生活，或許再去實踐年輕時代遠航的夢想。無論如何，總不該像崖下海濱的優雅望夫石，一直守著未歸丈夫而成石人般地一昧癡守著燈塔吧！畢竟一輩子已經如此過去了大半時光，也該換個新型態步入新世紀。

而燈塔，就留給明媚的海岸線吧！

一座充滿傳奇的島嶼

傳奇，讓七美本身擁有著海崖奇景外，另展現一股絢爛式的勇者之姿。七美人必定是有個性的，因為每一則傳奇裡，他們皆以無比的勇氣與高尚情操抵禦外侮的侵略或等待丈夫！

〈傳奇篇1〉七美人塚

傳說明世宗嘉靖年間（1522-1566），倭寇襲島，七女子在此撿柴，不甘受辱連袂投井，後長出七棵奇樹，此樹冬枯春茂，春秋兩季開放米黃色小花，清香怡人，故有香花樹之稱。後人追念七

女子貞烈，便立石碑刻上七美人塚，以為紀念。

〈傳奇篇 2〉望夫石

　　南滬燈塔不遠海上，一塊長形海蝕巨岩橫列，那便是第二著名的傳說望夫石。很久以前，七美人塚附近住著一對恩愛夫妻，丈夫出海捕魚時，妻子便到海邊等候歸航，某日風雨大作，丈夫失去了影蹤，妻子一日日苦守海邊，累倒在地，成為一塊臥躺的石人，而腹部突起就像是懷孕婦人的化身。

〈傳奇篇 3〉魟鯉岩洞

　　當七美人投井的同時，大嶼居民為了躲避倭寇來襲，便攜帶所有家當避難到海邊的「魟鯉岩洞」，並以岩石堵住洞口，可惜某富人家犬因追隨主人，在洞門外叫吠暴露了行跡，於是倭寇用柴草薰燒，洞門仍然不開，而洞內的人卻都薰死在內。

　　光復後，為建成名勝古蹟，七美人數度尋洞門不著，只好在鄰近一帶設魟鯉亭一座，可觀賞節理分明的玄武岩。

澎湖最美・頂隙雙心石滬

　　海洋構成了澎湖的版圖，休閒漁業成為最佳資源，諸多海上活動，像是牽罟、立竿、夜間照海等等，妝點澎湖海域的趣味性。

　　其中石滬是一種最原始且最富創意的捕魚方式，澎湖沿海潮差甚大，於是以玄武岩塊在海蝕平台上砌成略成半圓形的石牆，高度在高低潮之間，大小從一個籃球場到足球場都有，並利用潮差原理堵住困住的魚蝦。這種捕魚手法在吉貝島最多，島的北方密

佈石滬。其餘各島亦零星分佈著，而最美的要屬七美頂隙的心型雙心石滬。

頂隙位於七美北岸，周遭貧瘠土質形成寸草不生的荒涼「月世界」，在北邊公路海崖之下的海面，線條優美的雙心石滬，便以兩顆心交疊一起的造型堆砌而成，當陽光打照石滬，波光激灔，熠熠生輝，展現迷人姿色。

據公路邊上涼亭，販賣石花冰和石筆的近八十歲阿婆所推薦的私房玩法是——退潮時可到石滬內「摸蛤仔啊兼洗褲」，一邊游泳玩水，一邊撈魚或蝦，漲潮時便上岸到她家民宿並吃飯，很便宜呢，一個人花費不到五百元，如果嫌貴的話，還能再打個折扣吧！真是一個超級推銷員，不是嗎？連民宿的電話號碼都抄寫在涼亭上頭。大大的七個號碼。

而這位樂觀開朗的七美阿婆，在此擺了十多年的攤，儼然已成雙心石滬另一處休憩景點，雖然幫她拍照時，她笑著說：年紀大了很難看！但仍然十分大方地配合鏡頭。不一會兒，開心地又道：阿婆要回家了，這一攤人買走了全部石筆，連最後幾碗石花冰也喝光了！

阿婆完成她的生意，喜滋滋地推著小車，沿公路慢步回家。在這絕美的雙心石滬風景區，出現這麼個有趣的阿婆，好像是要告訴每一個觀光客：記住哦，每一天都要過得很開心哩！

心靈支柱・石敢當守護神

　　當舊時代的人們棲息在這狂風不時大作、大海經常怒吼的海上列嶼之時，基於對自然界那一份不可知力量所產生的敬畏心理，便試圖藉由陰陽五行及堪輿等傳統信仰理論，做為人神之間的溝通管道，以達到祈福驅邪目的——石敢當，便如此而來。

　　在澎湖，遍地可見的石敢當高達 586 座以上，它不僅是澎湖人克服劣境的精神防禦系統，更是安享天福的最高境界。

　　以碑文區分，共計八大類——分別是石敢當原形、冠泰山二字、強烈止煞功能、刻有太極八卦、雕琢劍獅或獸類、兼具納福、與符結合、以及類似石敢當等。

　　其建造形式活潑，在材質上，早期移民以花崗岩為主，而後多

為澎湖特有的玄武岩或珊瑚礁，形狀則以片石形成的石敢當最普遍，也有用混凝土塑成木魚、鐘磬及塔。

全澎湖最著名的石敢當，包括白沙鄉的魑魅魍魎碑、湖西鄉公水化碑等石碑式符咒碑，以及吉貝嶼木魚鐘磬器物造型，和鎖港全澎最巨四層樓高佛道各一的石塔，而最有趣要數安坆村的塔公、塔婆。

七美頂隙石敢當則以混凝土混合咾咕石砌成鎮風塔樣式，主要做為驅邪、鎮風之用。

【馳騁大嶼綺麗海岸線】

七美是澎湖南海擁有最繽紛海岸線奇景的島嶼，羅列的柱狀玄武岩海崖、玄奧的海蝕平台，或者惡地形月世界等等，都使它成

◎線條優美的雙心石滬。

◎販賣石花冰阿婆。

為南方之旅首屈一指的勝地。

從南滬港出發，朝聖過六層鎮風塔與七美人塚古蹟後，前往南滬燈塔，並領略那一帶綿延海崖海岸線之壯麗，眺看優美的望夫石，而後經過鮘鯉亭，再往海蝕平台龍埕奇觀及柱狀玄武岩構成的大獅。小歇喝一瓶當地特製青草茶後，再過風力發電廠，看微形小台灣岩石，而後光禿月世界和心心相印石滬等待客至，賣石花冰的阿婆也等著你的光臨，你可以去她家民宿，採納她的私房之旅建議，再不然就慢慢迎風馳騁，回到南滬港搭船返馬公或去高雄。

【暢遊路線】

南滬港→六層鎮風塔→七美人塚→南滬燈塔→望夫石→鮘鯉亭→大獅龍埕風景區→風力發電廠→牛母坪小台灣→頂隙月世界→雙心石滬→雙湖國小→山溝九層寶塔→南滬港

南滬燈塔快拍

位置：澎湖七美嶼南角崖頂。

建造沿革：1939年設立，原設電石氣燈，光力100支燭光。1964年重修塔身，並改裝五等電燈，每十秒兩閃，光力可達2600支燭光。

塔高：8.3公尺。

燈高：高潮面至燈火中心40.8公尺。

公稱光程：11.3浬。

◎澎湖石鎮風避邪祈福標幟——石敢當。

◎七美島傳說起源——七美人塚。

太平洋上的一枚

祖母綠島

綠島

◎綠島最美臥石──睡美人與哈巴狗。

載滿綠，穿越亙古，彷若珊瑚礁海域上一枚瑩瑩發亮的祖母綠，要見證地老天荒。

地老天荒之始，追溯至遙遠的五百萬至二千五百萬年前，第三紀中新世時候，一陣狂嘯，太平洋的海底火山噴發出驚人的能量，怒號停息久久，熔岩冷凝，形成一座奇特瑰麗的火山島嶼，從此佇立台灣台東東側約 33 公里的藍色海域上。

溫暖的黑潮匯流來襲，著落於亞熱帶的位置，布列成嶙峋的珊瑚裙礁地貌與海岸堆積層景觀——比如，被海侵蝕萬年千古的海蝕崖或海蝕洞，還有迤邐如夢的白色沙灘。繁密的海洋生物隨之蘊育而生，熱帶魚與珊瑚，貝類與螃蟹，洄游魚類和大龍蝦，交織成繽紛舞動的海底世界。

最早，人們喚它「火燒島」。

那是百餘年前遺留的傳說，那一時，暝色初染黃昏的天空與海洋，橙波漾灩，即連火山島嶼，也似乎是被熊熊的火團團圍繞，歸航的漁船隊伍就此凝住不動：「那座島就這麼被夕陽給燒了！」他們透露驚訝的神情，被這自然顯現的奇景給震懾了。「火燒島」的名號，也在他們的口耳傳遞間，以燎原之勢不逕而走。

「火燒島」，後來就正名為綠島。光復以後，其時島上林木已被過度開發砍伐殆盡，正像被火燒光的禿頂之島，於是政府刻意地綠化全島，全面地保林與造林，果真綠意重新盎然，就乾脆叫它「綠島」了！

然而，真正讓綠島聲名大噪的，竟是來自台灣各監獄的特殊份

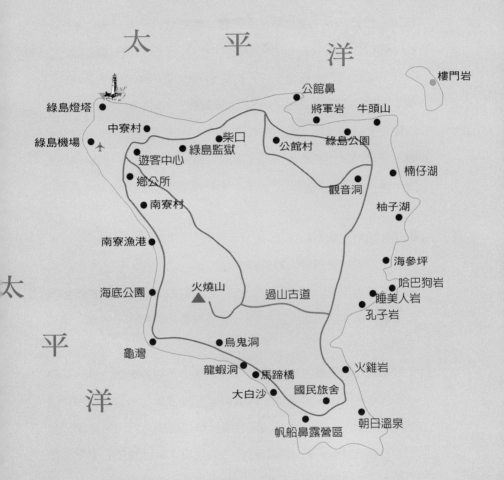

太 平 洋

太
平
洋

綠島燈塔

公館鼻

樓門岩

中寮村

將軍岩　牛頭山

綠島機場

柴口

綠島監獄

公館村

綠島公園

楠仔湖

遊客中心

鄉公所

觀音洞

柚子湖

南寮村

南寮漁港

海參坪

火燒山

過山古道

哈巴狗岩

海底公園

睡美人岩

孔子岩

龜灣

烏鬼洞

龍蝦洞

馬蹄橋

火雞岩

大白沙

國民旅舍

帆船鼻露營區

朝日溫泉

子與黑道大哥，他們被囚禁在島上中寮至牛頭山一帶的管訓所，唱著一遍又一遍的小夜曲，數算未知的前程。詎料，數年或數十年後，他們有的一躍成為民主先驅、國會官員，或備受尊崇的學者，而綠島卻是他們永遠的受難故鄉，永不抹滅的光環聖地。

　　一切悲慟的歷史都過去了，都被海潮洗淨，潮水留下了綠島的美。在1990年2月之後，神秘的面紗揭去，天生麗質便展露在逐增叩訪旅人的面前，開放的輕鬆節奏，帶來活潑的人潮與假期氣氛，使這座火山島嶼真正亮了起來，每一天都像是一個慶祝的節日，揮一揮手，告別已然淡薄、不再確定的悲情。

2000年代版綠島小夜曲

　　二二八和平紀念日之時，綠島還很涼，風吹襲，雨也不小。公館村將軍岩一帶，1999年新起的二二八紀念碑，已經銘刻不少為民主獻身囚禁的英雄人名。逐一俯視閱覽，族繁不及備載，還留下許多的空白。

　　遼闊的海翻湧著巨烈波濤，來憑弔歷史傷痕的心情，竟也成為一種觀光新情調，時間是一個魔術師。珊瑚礁在召喚，熱帶魚在召喚，不如潛入海，與之共舞歡樂。或者繼續奔行，花費兩個多小時的摩托車程，將這南北長約四公里多，東西寬三公里餘，面積十二平方公里火山島嶼的主要景點悉數蜻蜓點水而過，當一名到此一遊的觀光客，在綠島，很容易。

　　最好是五至十月來觀光，陽光季節，海洋更燦爛。如果是東北

©大白沙海域步道。

◎潛水是綠島最風行的海水活動。

季風肆虐的秋末春初或嚴寒冬季，那麼你就來享受朔大海風與冷清海岸線，隨便找一家賣酒的 PUB，好好喝上一杯。

從台東啓程，飛行十分鐘即見綠島。飛機要降落的瞬間，場面很驚人，彷彿即將衝入海。機身抖動，猛然地煞機、滑走，看見右前方駐足的綠島燈塔，兜了一圈，終於放心停止。機場的班機起降算頻繁，船也是每日往來本島的工具之一，從台東富岡港行來只須 40-70 分鐘。飛機和船載來文明的物資，雖然一大早還見不著今天的早報，但中午以後一定會有，手機打開也都滿格，讓你毫無與本島阻隔的不便感受。

機場位於西北角一帶，緊挨著夜晚大放光明的燈塔。往右，是中寮村，往南是南寮村，公館村則位在島的東部一帶，這三個村落構成了綠島的主要區域。事實上綠島的開發甚早——兩百多年前，福建泉州一帶的閩南人總是不安於室，懷著冒險犯難的精神駕著船四處漂動，盪到台灣，盪到東南亞，也盪來了綠島，成為主要人口。於是，一百九十年前就陸陸續續開疆闢土，正式落戶在太平洋之上。加上光復後從台灣遷移而入的居民和少數由蘭嶼移民來的雅美族人，所有居民匯集起來約三千多人。他們的血液裡流著海洋的記憶，承繼著百年前以海為生的志業，百分之八十是討海人，大多居住在島的西北部，南寮村是他們最繁榮的村落和行政中心，還擁有一座全島最大、吃水最深的漁港。

潮起潮落十年，開放觀光也十年，十年——不僅改變了綠島的經濟結構，也使街鎮風光增添了九〇年代的物質商業色彩，休閒

時代已經具象了，西南角一帶正大規模地興建五星級飯店，預計將綠島帶向更高品質的休旅境界。速食文化雖未強勢襲捲而來，但從機場沿著南寮村一路漫走，一條充斥各式各樣商店的觀光街正迎面招手：土雞城店、羊肉爐餐廳、啤酒屋、個性化藝品專賣店以及林立的旅館、美而美早餐店，夾雜在舊式合院石頭屋與新樓房之間，擺明著要讓人在領略離島更耀眼的海之丰姿外，也能來一點中產階級式的度假氣氛。

自遊綠島・四大自在路線

放肆一點，把細胞都活起來，你已經身在綠島，你不是被囚禁的大哥，你就盡情地擁抱這亞熱帶火山島嶼。三天假期，晝夜都是玩耍的好時刻。生態度假島是綠島的新觀念，仍然璞玉的面貌，使你的遊興隨時被提升，就算是安靜地坐在海堤上，看海一整天，也會有綺麗的晨昏光景讓你不斷驚豔迭起。

〔路線1〕環島馳騁千種海岸奇觀

20公里的環島公路，像一道絲線圈圍著綠島的海岸。由集塊岩與安山岩組成的綠島地質，加上分布海岸堆積層與隆起的珊瑚礁，使綠島的地形景觀豐富無比。一整天三百元，租一部摩托車，便輕快沿南寮海岸馳騁而去，這一帶的海岸平緩，潮間帶很長，退潮時呈現翠綠的石蓴。

越過漁港，往南來到龜灣，是一整片寬闊平緩的珊瑚礁岸，夏天是個漁客最愛的好釣場，盛產飛魚、大龍蝦、鰹魚、鯖魚與海

綠島鄉
郵 951
南寮
129 之 1

◎街上林立的精品店及啤酒屋，增添離島度假風情。

鰻等等。而後足履跨越山澗的馬蹄橋（水泥拱橋），這裡的海岸變化特殊，黑色集塊岩因海蝕而形狀雄奇，並產生諸多凹陷的山洞，像是龍蝦洞、烏鬼洞，清風徐徐，還能捕捉海水送來的龍蝦和魚。

往前一點是大白沙，名字很嚇人，卻是一處潔白無比的沙灘，散落的礁石，如寶石一般星羅棋布，長長的潛水步道盡頭，盡攬旁側蜿蜒的公路崖景。

越過露營區與朝日溫泉，國寶花園——潟湖，就在國民旅舍附近，這兒秋冬強勁的東北風一路拂掠無阻，風勢赫大。維妙維肖的孔子岩，睡美人與哈巴狗，則讓人驚嘆連連，從登山步道攀爬至峰頂涼亭，俯瞰靜臥琥珀般綠藍清澈海域的睡美人與哈巴狗岩礁，恍若一則詩樣童話再現，要到什麼時候，這位美人與她的狗才會睡醒呢？你吹著海風，疑問著。

詩的心情還存留，一路延伸至觀音洞。觀音洞南方約三百公尺路右側，小心駛入一條陡峭之字路，來到底下嵯峨海濱，名喚柚子湖。其間散布三幢約一百八十年歷史的古厝，旁邊還有數戶石牆圍籬、迴廊樓閣的大戶人家，都已是風塵絕跡，徒任海風吹襲。

循原路折入觀音洞，這洞是由流水侵蝕岩壁而成，裡頭矗立一座高約一公尺的石觀音，因而成為島上居民朝拜的聖地。

由觀音洞往前，一條岔道右下，腳底即是綠島技術訓練所，內有一座由收容人利用島上細砂作畫的砂畫展示室。公路從此筆直

◎海潮澎湃著石岩形成不朽之歌。

◎黃昏，堤防看海。

長驅公館村所、嶔崎峻峭的牛頭山、將軍岩、二二八紀念公園、公館鼻，一路來到柴口潛水區，此處海岸為潮間帶寬廣豐富的中寮灣，潮溝與潮池間生物密布。接著行經最負盛名、戒備森嚴的綠島監獄，而後中寮村，當白色高大燈塔歷歷在望之時，這一趟環島的旅行不知不覺也到了終點。

〔路線２〕 **與熱帶魚共泳海底珊瑚礁**

在綠島，你可以當一隻魚。你可以暢快地潛游海底珊瑚礁世界，與水相融，更親密地互動。

珊瑚，在海裡成長的速度極為緩慢，當海底火山爆發，或者遇見強烈颱風，滾動的岩石打碎珊瑚，經海浪襲捲上岸，要形成珊瑚砂灘卻需要漫漫的時光，所以，當你在綠島目之所及的海灘美景，皆出自大自然的神來之筆。

黑潮北流與附近湧昇流，加上溫暖、清澈的淺海域，最利於珊瑚生長。綠島的珊瑚以石珊瑚為主，近潮間帶多為體型碩大的綠色石珊瑚，黑潮帶則以山珊瑚和腦珊瑚為主，東方的海域海樹分布較多。

種種奇形怪狀、色澤繽紛華美的珊瑚群，將海底裝飾成一座夢幻似美人魚的花園，吸引無數熱帶魚、蝦蟹、無脊椎動物前來棲息。龍蝦、椰子蟹以及隆頭魚、雀鯛、蝶魚、石鱸等，都是綠島別具盛名的海洋生物。

〔路線３〕 **悠悠古道暢意漫走**

雨，還下著。這裡是熱帶島嶼唯一的山，就叫火燒山。

◎綠島擁有世界稀罕的海底溫泉。

◎成自少美麗沙灘。

在早晨，自機場側邊登山步道緩緩而上，標示著四公里路程登上火燒山頂。一路都是鳥叫的聲音，茂密林蔭散著涼意，卻沒有最早的原始雨林生態。林間傳來窸窣聲響，近前一探，又安靜下來。如果在晚上，用手電筒一照，很可能就是野放的梅花鹿。牠們在山裡亂轉，從 1985 年轉到 2000 年。

1977至1983年一陣旋風式的養鹿風潮，吹襲入島，使得兩千多隻的梅花鹿活躍在島上，平均每三個人擁有兩頭梅花鹿，造成全島皆「鹿」的盛況。但隨著台灣本島的養鹿事業大肆跟進後，鹿茸價格慘跌，小島上鄉公所所飼養的兩百多隻梅花鹿也得以回歸山野，與山巔上野放的羊群互別苗頭。

白天的梅花鹿神秘而靈敏，牠們把自己藏得很好，藏在山林深處。只把眼神投給漫步經過的旅人。繼續登山，迴旋式的山道，繞了一圈又一圈，絕對超過四公里，喘著息總算抵達一處岔徑路口，寫著「過山古道」，這是最早的古代居民往來南寮村山上與溫泉村的便道，當時天然的懸崖阻隔，可沒有現下暢通的環島公路，古代人們憑藉自己的腳步，踩在前人走過的足印上，一步一履，終於踩出一條通山捷徑。說捷徑，也不近，來回可要再費上九十分鐘。

1996年，東部海岸國家風景區管理處特別將這條足以見證歷史軌跡的懷舊古道，重新加以整修開放，成為綠島新遊蹤的熱門路線之一。

◎捕魚和觀光業是目前綠島的主要經濟來源。

【原生熱帶雨林為何消失了？】

綠島雨量始終充沛，曾造就綠意盎然的季風型熱帶雨林群相。但是，蔥蘢森林卻隨人們的進駐，任意伐木謀利或開拓耕地而終告消失，地表因植被不再覆存而裸露光禿，成為真正的火燒島。僅存的百年前熱帶雨林面貌，在陡峻山溝、海參坪溪谷天然林，以及觀音洞殘存林尚保留最後珍貴的一部分，見證著原始植物群相。

然而，綠島仍擁有其獨特綠色景觀。像是稀有的蓮葉桐，人們種植以圍地擋風，或保存完整的灌狀海濱植物水莞花，以及樹型如傘的白水木，其他的砂原植物與崖岩植物，也堪稱一絕。但一些原生珍花異草：油芙蓉、象牙木與水莞花，也都因過度開發而逐一瀕臨絕種。

〔路線4〕 泡溫泉聽海觀星看日出

想像著，面向寬闊海洋──浪花拍襲、濤聲不絕，身體浸泡在海灘一處天然湧出的海底溫泉裡，享受著硫磺泉的滌洗，舒服、放鬆，眺著海岸線的夕彩返照，形成最絢爛的光景；不必急，海潮聲猶輕輕呢語，滿天星斗呼之而來，天空呈現一種靛藍色的乾淨。你可以指出星星的位置，在更深的夜之後，流星像雨一樣飄。你一直這樣沉浸著，黎明之前天最黑，接著就看見破曉的光，一陣陣白與霓彩的朝霞飛抹雲端，天就大亮了，閃現早晨的太陽。

這絕不是想像，在綠島東南方帆船鼻一帶，潮間帶嶙峋礁岩間

◎綠島如一顆發光的祖母綠。

便有一座世界罕見的海底溫泉（全球僅日本九州與義大利北方各有一座），汨汨泉流形成豐沛的潮池，味道嘗起來鹹鹹的，它的名字叫：朝日溫泉。

　　這座奇特的海底溫泉之所以形成，是因為海水滲入島下方的地熱處，再經過壓力之故而湧上地面。因為是硫磺泉之故，聞起來並沒有一般溫泉的濃濃臭味，水溫約在53-93℃之間，酸鹼度為5左右，相當舒適，洗後毫無海水黏澀感。

　　最適合泡溫泉的時機，晨昏以外，最好選擇微風輕拂的夏夜，那時天空的星辰與你共浴，還有海潮為你奏曲。千萬切忌東北季風來臨時候，因為風浪大得都捲入溫泉池裡，而且天氣也太冷了，強風都快把人颳走。

　　當你洗完了溫泉，要散散步，就從溫泉入口的一條小徑進入，不一會兒，偌大的帆船鼻如茵草原乍現眼前，綠油油的一片，像似歐洲的綠色景觀，你慢慢佇候著，據說，這裡擁有最迷人的日出。

◎綠島最高指標──綠島燈塔。

草海桐

延伸的盡頭，

——綠島燈塔

草海桐一路蔓延，在時間匯成的風化地形——沙灘與珊瑚礁岩會合的嶙峋海岸線上，展開崢嶸鮮綠之姿，任憑風無止盡吹襲，從春天到冬季，從遙遠以前到遙遠以後。它們緊貼著地面，形成層疊起伏的一叢又一叢，一團綠彩就此抹開，然後，在盡頭最後的岬角小丘上，像雪一般白的巨人燈塔，轟立著，與草海桐相互映襯著白與綠，潮起潮又落，燃燈復滅燈。

那是在綠島西北方機場底端、鼻頭角東邊的海岬上，33.3公尺高、直筒式白色建築的綠島燈塔，醒目地突出於地表之上，成為綠島周邊海域最鮮明的地標。

1937年，所有命定的遭遇都有一個巧合的時間點，12月12日12時，一艘將前往呂宋島的美國郵輪「胡佛總統」號，載著美、英、德、日、蘇、中等各國乘客、連同船員共一千一百多人，於穿越台灣外海時，遭逢猛烈東北季風所造成的強勢浪濤急流，加上誤判當時新港小燈塔遂而迷航，在綠島柴口與公館之間的海域觸礁擱淺。當時情況危急，各種努力的方式皆告失敗後，船長隔天一早迅即向島上居民求救。

人群觀看著人群，日據時代的綠島少有船隻出現，也沒有漁船，出入都以手動式的三槳舢舨做為捕魚的交通工具。乍然出現這一艘巨大郵輪，場面是很驚人。岸上的居民人潮望著船已傾斜如山高、受困其上的國際難民揮手招呼，情急之下，出動十多艘舢舨前去救助，風浪仍然狂飆，他們毫無任何救援配備，手划著舢舨，奮勇地迎向出事的大船。

幸運地，忙了一天一夜，一千多名難民悉數被救回，未有任何一人傷亡。這一千多人被安置在島上僅數十戶的平房人家，可想而知當時挨擠一堂的窘況。他們並從郵輪搬運足供一月所需的物品，以解決人口突然劇增所產生的糧食欠缺問題。難民們盡情暢遊綠島，然後乘上派來接運的美國軍艦，轉往原來的目的地。

擱淺的郵輪猶擱淺著，最後僅以三十萬美元賣給日本「北川鋼鐵株式會社」。「北川鋼鐵株式會社」花了三年時間，動員無數，將拆卸下來的鋼板輪流載走，最後只剩最難拆除的船底部分，因季風太強，不好作業，終於宣告放棄。但台灣光復以後，物資貧乏，那個沉在水平面下的船底，就被不畏艱難的台灣人給卸解打撈乾淨了。

1937年，美國為感念綠島居民奮勇救人的精神，並紀念胡佛總統號的失事事件，便以維護海上航運安全為由，特別捐款建立綠島燈塔。使這座燈塔的由來別具意義、更增傳奇色彩。1938年燈塔正式建造完成，塔頂發射亮光的燈具裝置是由煤油點燃發光，且非電動，以槓桿原理旋轉鋼絲，造成轉動效果。

二次世界大戰期間，烽火連三月，歷史的巧合性再度發生，當初斥資建造綠島燈塔的美方，這回卻因作戰立場的不同而派遣部隊轟擊綠島燈塔，炸毀局部建築設備，主燈遭美軍機關槍掃射破壞。直到1948年，整體重修，並將主燈改為新式的電瓶發光。而後陸續增加主燈的照力，目前一千瓦的法國製法雷諾強光燈泡，以順時鐘，二十秒轉動一次，連閃兩次白光，經過折射之後，幻

變成一萬瓦的光束，可遠及25.7浬的照明範圍，讓黑暗中行駛的一艘艘船隻，看見前方，可以更放心地遊走海洋。

一個燃起光明的寂寞超人

以十層樓的高度俯瞰著日日更迭變幻的海洋，那是一種怎樣的心情呢？那將產生什麼樣的生命觀點，如果那個寂寞的燈塔巨人具有生命的話，它是否會選擇寂寞地孤守，繼續將光投射到遠方，讓迷航者或船上久違陸地的船員，找到了方向，心中也升起一萬瓦明亮的光與溫暖？

燈塔不會回答什麼，但守燈員卻可以傳述那一份共感的心得：那一紙他們共同完成的人生作業。

春夏秋冬，季節更換，不同的季節、不同的日出與日落時間，開燈、關燈時刻也隨之更改。無論如何，當清晨日出的太陽已在海平面露出一半時，守燈員就該伸出手揿下開關，將還閃動的主燈關上電源。主燈慢慢靜止旋轉不動，鷗鳥飛過，新的一天又開始了。

從綠島燈塔頂端眺望底下偌大的所在範圍，充滿歐式風格的樹木植栽與礁石假山等庭園景致，被圈圍在硓𥑮石塊鋪成的圍牆內，其間錯落著辦公室、工作房與宿舍建築，中間涼亭內有一口現已不用的古老地下井。硓𥑮石牆門上始終掛上一塊謝絕參觀的告示。南面是一片立足綠原的成排林投樹林，呈現井然有序的壯麗，東側為草海桐與馬鞍藤密布的礁岩海灘，西南邊冒著薊草與

綠島燈塔快拍

位置：台灣東南海域綠島西北端山頂。北緯22度40′41′′。東經121度27′30′′。

建造日期：1938年落成。混凝土圓形塔身。裝設三等煤油白熱燈，光力二十萬支燭光。一次大戰損壞，1948年修復，改設五等臨時直流閃光燈，每十秒連閃兩次光，光力兩千七百支燭光。1973年換裝新式四等旋轉透鏡交流電燈，二十秒連閃白光兩次，光力可達一百萬支燭光。

塔高：33.3公尺。

燈高：高潮面至燈火中心48.2公尺。

公稱光程：25.7浬。

其他：1988年增設無線電標桿一座，輸出一百瓦電力，射程一百浬。

野百合的寬闊草坪則與綠島機場隔籬相連。

　　與燈塔同樣寂寞的守燈員日復一日單調地生活、工作，觀看著這種種每一天都相同、卻又不同的自然景色，記憶它們的變化，歲月倏忽流逝。

　　在綠島，他們總共有五個工作夥伴，以精兵方式經營整座燈塔的工作業務。點燈滅燈是最重要的事，燈具也得每天用銅油擦得亮閃閃，一進燈塔記得要脫鞋，因為十層樓內的每級旋轉磨石階梯都打蠟得很光亮，清潔打掃澆花之外，當然機械故障自己得動手修理，偶爾兼作水泥工，每天的燈塔日誌也別忘了填寫。一年還要固定粉刷一次燈塔白漆，把自己危危地吊在半空上，想不起自己是否有懼高症。

　　做一個守燈員條件很容易，只要三項原則（學歷不拘，國中畢業即可）：首先沒有懼高症，其次能吃苦耐勞，最後要忍得住寂寞。離島的待遇要比本島稍微高一點，但離島工作人員須據守在地方更偏遠、風浪更驚險、交通更不便的小島地區，一旦生病或有意外，只能孤獨地等待奧援。

　　而就像綠島一位服務二十多年、資深守燈員所述：「在燈塔工作就像在一艘船工作，吃在這裡，睡在這裡、住在這裡。而這裡就是生命的一切。」

　　他在這裡經驗生命每一番重要的過場──結婚、生子、當上祖父。從一個俊傑青年到蒼蒼老年，而燈塔的光，還在明滅，還在指引前程的方向。

消失的

Pongso Notao

蘭嶼

◎達悟族的原鄉──蘭嶼。

2000年的第一道曙光在蘭嶼東清灣乍現時，世界足履似乎更跨越一大步了。許多人在此歡呼，期許和平與愛的未來世紀，重新建設因資本主義過度開發所造成的自然破壞。

然而，那些消失的林相、破洞的臭氧層、污染的河川，以及樸拙的心性，能夠真正回復，真正返璞歸真嗎？如同這個達悟人（Tao，原稱雅美人）所稱的 Pongso Notao 蘭嶼故鄉，能夠回到過去那個唱歌跳舞、充滿趣味的地下屋時代？

Pongso Notao 是達悟族對這一座島嶼的自稱。意思是達悟人所擁有的土地，蘭嶼位巴丹群島 (Ivatan) 的北邊，所以達悟人也俗稱蘭嶼為北方之島。

最早他們駕著獨木舟，從南洋菲律賓的巴丹群島渡海而來，應屬馬來族群系統。不知是歷史巧合的錯誤，或是冥冥中的安排，他們在這座位於東經121.5度、北緯22度，面積45.8平方公里的島嶼上落地生根。成為中華民族的一員，也和台灣一樣，歷經了中國、日據、民國等不同時代軌跡。

起初它被命名為紅頭嶼，那是因為島的西北方有一塊岩石，當日暮時分，酡紅的夕陽餘暉打照在岩石上，像是一個紅色人頭，栩栩如生，便叫紅頭嶼。台灣光復後，島上盛產美麗的野生蝴蝶蘭，便改名為蘭嶼。但目前蝴蝶蘭早已因對外開放觀光而消聲匿跡，取代的是遍地的野百合花。

和綠島一樣，蘭嶼也是一座死火山島嶼，是一千六百萬年前至四百萬年前、古代火山爆發後所留下的遺跡。其地質由第三紀中

坦克岩
五孔洞　玉女岩
魚岩
中科院　　朗島村
紅頭岩
蘭嶼燈塔
耳洞

開元港
中正公園
椰油村　　紅頭山
饅頭岩　　　　氣象觀測站
　　　　　　　　　野銀村
　　　蘭恩基金會
機場
漁人村　建蘭派出所
　　　　　紅頭村
　　　　　　　大森山
　　　　　　　　　　鋼盔岩
　　　　　　　　　　象鼻岩
　　　　　　　　　核廢場
青青草原　　　　龍頭岩

雙獅岩
軍艦岩
太
情人洞
平
東清村
洋

蘭嶼的姐妹島
──小蘭嶼

　　無人火山島。位蘭嶼東南方約 5.3 公里處，原名小紅頭嶼，滿潮時面積約 1.6 平方公里，周長約 5 公里，中有三個火山口，最高海拔 171 公尺。因無淡水，不適居住。

大森山與天池

　　大森山又名望南山，山上有一天池，池水終年清澈不涸，頂上瞭望，見著南方藐藐海面，是蘭嶼有名的觀光景點。沿途密布蘭嶼特有植物生態，像是羅漢松、蘭花、月桃、蘭嶼肉荳蔻等。羅漢松是造船的主要材料，但長成胸徑達 50 公分以上寬的羅漢松，才會取來造十人大船；並忌諱和象牙柿一齊用來蓋房舍，怕犯了長不高或長得慢的禁忌。海岸則分布棋盤腳、欖仁舅、水芫花以及蘭嶼海桐等耐風耐雨的強韌植物。

海底火山及噴發物質構成，第三紀後陸續噴出玄武岩等，又形成臨近的小蘭嶼。雖然蘭嶼和綠島的火山島不具有火山外貌，但蘭嶼的中央部分卻是由熔岩流造成的安山岩，其他部分與綠島同為安山岩質的火山集塊岩。

　　從 91 公里外的台東搭機，十八分鐘後即抵達。自飛機上鳥瞰蘭嶼全貌，島上丘陵嵯峨密布──主峰紅頭山（又名芳蘭峰，海拔 548 公尺）外，另有殺蛇山（海拔 494 公尺）、青蛇山（海拔 438 公尺）和東南方大森山（海拔 480 公尺），形成連綿起伏的熱帶雨林；將山丘周邊圈起的是一條珊瑚礁海岸線，奇岩異石便創造一則則達悟傳說，無盡散落在全島周長 38.5 公里的海岸線上，像是潘朵拉的盒子充滿神祕。

　　海岸線附近有狹小的沖積扇平原，是聚落集成、人群活動的地方，因為有水的緣故。

　　蘭嶼的溪流很短，最長不超過五公里，皆是從高山地區呈放射線狀向海岸一帶傾洩流下，沖積扇平原便如此而來。溪水與

肥沃的土壤使達悟人在此有了水喝，亦能耕耘灌溉出一畝畝芋田。

　　達悟人的聚落為集村，原有七社，但因位於椰油社隔溪對岸的 lwtas 社，有位死去丈夫的寡婦不堪生活長期艱困難度，縱火燒屋舉家自盡。族人認為不祥而遷往隔壁的椰油社，所以剩餘六社分屬四個行政區，西起紅頭東至野銀，目前擁有2800人，算是台灣原住民中族群最少的族，也是唯一擁有熱帶海洋和大船文化的族群。

　　熱帶海洋是達悟人最初與最後的原鄉，在這熱帶海洋裡，終年高溫潮濕，使過去的達悟人一塊麻布蔽體即可活躍在年均溫26°C的氣候下（十一─四月約20─23°C、四─十月約28─30°C），丁字褲是最有名的代表服飾。而全年的雨量確實非常多，猜猜看，哪個民族曾經一年只有六天可以曬到完整的太陽，沒錯，就是達悟人。這兒全年雲天日數達226天，雨天多達249天，最糟的時候甚至只有六日晴天，奉勸來蘭嶼遊玩的觀光客務必攜帶雨具。

　　雨水之外，終年多風也是蘭嶼另一個特

蘭嶼四大行政區
椰油村──椰油
紅頭村──紅頭、漁人
東清村──東清、野銀
朗島村──朗島

Tao 新的救世主

　　Tao 信奉原始宗教外，也會上教堂，聆聽天主或上帝的教誨，順便領取救濟品。Tao 的生活貧困，教會提供的救濟品不無小補，目前 Pongso Notao 共有12座教堂，每個村落基督教與天主教各設一座。

色，冬季東北季風強烈吹來，夏秋又是颱風的颳起，強勁的風勢甚至越過澎湖與彭佳嶼，在風的侵蝕下，海岸便被巨浪打成各種各樣的海蝕地形，蔚為奇觀。

　　身為僅次於澎湖的第二大離島，它的觀光事業算是開發地相當早，早在 1967 年即吸引無數觀客前來叩門，1986 — 1991 年更是高峰期，每天皆是絡繹不絕的遊客。但或許族群差異等溝通不良問題，使達悟人與漢人之間的隔閡始終存在，外來的強勢力量與開放潮流，使他們的「領土」無法停格在那個穿著丁字褲、駕舟捕飛魚的傳統年華之中。

　　然而三十多年過去，蘭嶼的自然資源與景觀雖在當局特有的保育措施下，不致遭到破壞，觀光人潮卻劇降為每年五萬多人而已，還少於鄰近的綠島，大多前來的觀光客以熱愛自然生態的年

輕人為主。交通不便和觀光飯店少而陳舊是主要原因，現每天僅六趟班機往返台東、蘭嶼之間，常因風浪過大而被迫取消，海運方面每週兩班交通船前來，運輸島上所需物資。

月光下跳舞歌唱的 Tao

說起來，Tao 是一個很棒的民族。他們民風淳樸，除了漁獵耕田之外，並且是天生的藝術家和建築師。當飛魚季來臨時，他們推著兩端翹起，華麗彩繪的精緻大船，航向魚躍的大海，做工之精巧令人嘆為觀止。

新船下水祭是最重要的祭典，因為這攸關他們的生計大業，打漁是他們主要的食物來源，這時男人要穿丁字褲，橫紋衣，頭戴銀帽，揮拳舞蹈，象徵捕魚一路順利，漁獲豐收。

捕魚的事之外，男人還負責整建住屋，他們的傳統住屋極富創意，也很有環保觀念，原料大多就地取材，山上有草藤木竹，海邊有沙石，因為終年風大雨大的緣故，便往下挖鑿蓋成一間地下屋，是臥房主室；地下屋上頭另有置物的地上屋和乘涼休憩的高腳亭。往往還從海邊搬一兩塊平石斜插在空地上，黃昏時候，靠著斜石欣賞落日，設想很周到。

男人掌管主要的生活大事，建屋捕魚，製作各類大則像船，小則像木勺等器具；而女人也沒閒著，種芋田的農事以她們為主，平時一日準備兩餐，甘藷、水芋當主食，飛魚等魚類為副食，並不喝酒，也不會釀製小米酒。酒，是到1970年代之後，才從外地進口。

Tao 雖然擁有部落，社會組織卻不明顯。他們絕少外侮，同族間也很少爭執，說起來真是熱愛和平的民族，所以也不需設一個領導長官來統治大家。生活雖然簡單原始，社會卻秩序井然，人人互重平等。它們的犯罪率相當低，平均每千人只有1.42人，算一算全族人口總共不過四個人犯罪而已。

Tao 的天性必定樂觀開朗，在這般惡劣的居住環境，還能養成樂天知命、堅毅耐勞的性格，最重要他們懂得自我調劑和娛樂吧！從前月圓時候，部落的女人們都在涼亭上對月高歌，或者就著月光跳起長髮舞，藝術天份再度展露無遺。可惜文明帶來方便，也帶來精神的失落。1981年火力發電廠興建後，電視成為他們主要的餘興節目，從此不管月圓不圓，唱歌、跳舞的事，就等

◎達悟族和他們的地下屋涼亭。

◎曬飛魚。

到豐年祭或比賽時，非唱非跳不可再說吧！

　　但讓 Tao 最大失落的，還是強勢入侵的現代文明與傳統文化之間的衝擊問題，他們的年輕子弟們受電視與外界的誘惑，懷著滿腹憧憬到台灣尋夢，卻往往不能適應而回流，但期間製造出來的家庭與社會悲劇，卻是有目共睹。

　　也因此，你會發現 Tao 許多可貴的原始文化現正大量消失，比如傳統地下屋，早先政府曾修築一批國宅，請他們移遷入居。近年發現那些國宅是海砂屋，便重新再造。而年輕 Tao 去到台灣當建築工人返鄉後，也現學現賣他們的技術。有趣的是，那些新砌的透天厝，有的以鋼骨、有的以鋼筋做為主體結構。原來他們涉獵不同，有的是學蓋高樓大廈，有的是學蓋公寓樓房，而最大的瑕疵是他們的現代房布局凌亂，外觀也不協調，隨地垃圾更使整個村莊顯得落後髒亂。雖說，住得比以前更舒適了，但似乎也少了昔前那一份與生俱來美的靈感度與藝術性。

怕鬼的 Tao

　　在古早的 Pongso Notao 時代，是個充滿生態與奇趣的世外桃源，那是因為 Tao 取之於天地，用之於天地，而尊崇天地。

　　Tao 擅於利用自然資源，卻能謹守適度而不濫用，更不會製造所謂不能分解的塑膠垃圾問題。當然這和 Tao 極度敬神怕鬼的習俗也有關聯。

　　Tao 信奉多神教，崇拜日月星辰，從他們處處描繪的太陽圖騰

即可得知。在 Tao 怕鬼的諸多禁忌下，卻讓 Pongso Notao 的自然雨林生態得以保存下來，說來也是一番貢獻。

在 Pongso Notao 海岸沙地，是 Tao 最畏懼的場所，因為那是 Tao 的墳場。除了不輕易踏入墳場之外，Tao 對於該地草木沙石亦不敢隨意輕犯。對於俗稱魔鬼樹的棋盤腳，更是惡靈的化身。

棋盤腳是典型的熱帶海岸樹種，在蘭嶼的海岸外圍形成一道綠牆，但 Tao 稱它為 kamanraaraahet 或 tova，意為不吉祥、慘遭橫禍。這或許是因為棋盤腳高大綿密的樹冠以及夜間開花的特質，使他們認為是惡靈出沒之地。

記住，這時可不許當一個天真的觀光客，隨便對經過的 Tao 張口說出棋盤腳達悟語，他會以為你是在咒他早死，也不許送他棋盤腳的枝幹、樹葉和花，這樹的任何部分他們是不碰的，以免惡靈上身，其至連住在棋盤腳樹洞的蘭嶼角鴞和翩舞其間的珠光鳳蝶也都是魔鬼化身。海岸的沙更不能帶回家。

kamanraaraahet 還包括了海岸樹林外圍和向陽坡地的葡萄科爬藤類，像是漢氏山葡萄、三葉崖爬藤和蘭嶼岸爬藤，Tao 遇上它們就像是遇上鬼一樣。這些植物在族群和諧間也巧妙扮演協調者的功能，當遇有糾紛時，嫌疑犯必須在雙方親族見證下砍斷這些植物的蔓藤，以證明自己確實無辜，如果說謊將會招來更大的不幸。

這些 kamanraaraahet 所象徵的植物群，因 Tao 的迷信而得以肆意生長無礙，保護這美麗的海岸線不受破壞。而海邊墳場使海

◎東清灣拂曉時刻。

◎棋盤腳。

底資源生生不息，綠蠵龜每年上岸生產，珊瑚礁熱帶魚快樂地游耍，一道長長的活潑潮間帶就這麼延續下來。

聆聽天籟‧悅賞達悟風情

　　最適合來蘭嶼的時間是每年的五—七月，那時是蘭嶼溫暖少雨的舒服天候，你不必擔心會淋成一個濕人。36公里環島公路，租一輛摩托車，可以順時間繞一圈，也可以逆時鐘繞一圈，反正都會繞回到原點，然後花上個半天時間，便可遊覽蘭嶼最美的奇岩怪石海蝕景觀；當然特殊的熱帶雨林生態以及別具一格的達悟人文習俗，亦是此趟旅遊不可錯過的重點，多采多姿的蘭嶼確實是熱愛知性之旅的自然愛好者最佳選擇。

©保存舊建築風味的野銀村。

如果你想徒步環島，請準備一雙耐用的跑步鞋，將體力鍛鍊好，沿途地勢高高低低的，夠磨練身心了。但飄搖的水芋葉田園之景，也如夏荷田田一般，別有一番舒閒之感，走累了就到田梗上某個人家高腳涼亭暫歇一會，只是這一趟路程走下來，怕也曬成了黑炭。

　　這兒的日出、日落是一天最美的時刻，觀賞日出最佳地點是東邊的象鼻岩、東清港灣、軍艦岩前方以及氣象觀測所；而日落則是西邊的開元港、蘭嶼燈塔和椰油國小操場。請別搞錯方位，如果跑錯地方到東清灣去看夕陽，那麼只會看到迴光返照的天空餘暉而已，不過沒關係，索性就去東清村逛逛週末四點開始的黃昏夜市，瀏覽沿街設攤的迷你型市場，看上什麼就盡情購買吧！

　　晚餐可以在紅頭村或椰油村解決，這兩個村落餐廳較多，也許可以嘗到當地的野菜像過溝菜蕨等。夜晚來臨，去看星星吧！躺在空曠飛機場跑道上，滿天的星星一起燦爛發光，別擔心飛機會突然迸出來，蘭嶼飛機下午一點四十分以後就停飛了，不想觀星的話那就捉捉螃蟹。夜晚的潮間帶熱鬧得很，退潮後海邊的小坳處都有令人驚奇的生物活躍其間。

　　東清灣的「蘭嶼月色」也是迷人極致，黎明時分東清灣在朝陽的映照下，波光瀲灩，藍色的海水，白色的沙灘，巧奪天工的珊瑚礁錯落，猶如世外之境；到了夜晚，皎月分明，海濤奏樂不絕，一切靜極、也美極了。

風與浪聯手的雕刻巨作展

紅頭岩

位西北方，開元港之北。

是一座深入海中小山，尾部形似一個人的人頭。

夕陽照射時，岩石轉為赤紅，故名。

鱷魚岩

外形神似鱷魚，位蘭嶼燈塔正下方。

坦克岩

位最西北端，緊靠珊瑚礁岸。

造型宛若一部巨大的綠色坦克，因岩石上布滿綠苔。

玉女岩

又稱陰陽石，高二十公尺的中空岩石，
中空部分還夾一塊小岩石。
形態奇巧特殊，位蘭嶼北端。

雙獅岩

地處東北角，又名雙獅臥。
火山熔岩構成，遠望如兩隻獅子坐臥，
相當雄偉壯觀，堪稱一絕。

軍艦岩

在東部最美貝殼沙以南，東清海灘以
北。是連串珊瑚礁岩，外形看來像是停
靠的軍艦。
相傳二次世界大戰時，曾被美軍誤判為
日本軍艦，幾次投彈，幸未擊中。

情人洞

位東清海灘突出岬角，是一座被海水沖積而成的深潭，洞高五丈。

在洞中聆聽如淒如訴的海潮聲，猶如情人弦歌。

適合浮潛及觀賞海景。

龍頭岩

位東南方核料港北方，表面坑洞礁岩，宛如一隻對天長鳴的龍頭，每當夕陽之時，龍頭某部位被照射閃亮，更像是畫龍點睛一般。

饅頭山

西南面椰油國校與蘭嶼中學之間，外貌神似一顆渾圓的大饅頭，附近海灘是達悟人的墳場。

◎蘭嶼燈塔。

與野百合齊展向天
——
蘭嶼燈塔

Lighthouses and Islands

通往山頂的蘭嶼燈塔，是一條之字型的山徑。蜿蜒，帶著略近三十度坡度，緩緩而升。

　　未及耳洞，順海岸線馳騁，直驅蘭嶼西北端一座小小土地公廟旁的斜岔道，便是這條兩公尺寬的迷人山徑。

　　視野眺得更高了，海潮澎湃，隨著高度的增加而愈顯壯觀，似乎要將人吸進去，如此湛藍而美的海洋。

　　但一路上，這道山徑也以獨特的幽靜之美吸引著目光，在某個轉彎，一抬首，岩牆上一朵純潔野百合，就以春天盛放的雅淨姿態，伸展向天，一派昂揚堅韌。往後看去，不止一朵野百合，是無數朵，一一著落山間。

　　紫色牽牛花與馬鞍藤也攀爬在沿途的亙古石壁，還有各色的野花草，一起指引蘭嶼燈塔的去處。

　　這是蘭嶼一貫多雲的天候，清晨六點鐘，東方日出初昇，太陽穿透厚雲層，綻開裂隙，金黃光芒就此放射而下。燈塔的光還點亮旋轉著，光線因朝陽現出之故而呈微弱。

　　空氣清新帶著鹹海的氣味，一群才長成的小燕子此起彼落，在燈塔正門口的空地處練習學飛，吱啾地唱著，很歡樂極了。襯著周遭更顯安靜。

　　一名執勤的守燈員打著呵欠，仍睡眼惺忪模樣，從鄰近門口旁側的白色宿房開門出來，慢踱著步伐朝山坡上佇立14.8公尺高的白色燈塔行去，進入燈塔內不一會兒之後，旋轉的燈光轉瞬熄滅。這一個輕輕的關燈動作，亦是守燈員新的一天的開始。

◎從蘭嶼燈塔俯瞰海岸線。

燈塔下方小山坡，冒長著一片春天的綠色青草，看上去像很清朗的原野景致，守燈員豢養的雞群四處亂竄遊樂。寬敞的野草地同樣盛開幾朵白色野百合，與燈塔的純白一致，齊展向天。

　　野百合之於蘭嶼達悟人而言，那種花開的容顏如同聖經所敘所羅門王極盛時的榮美景況，而生生不息的強韌生命力，更是其象徵。對於這座塔身不算巨大、但目前是台灣地區海拔最高的蘭嶼燈塔而言，野百合的堅毅特質也是它的特質。

　　正是這份堅毅，使它們在這座天涯海角的孤單島嶼，任憑一年十至三月間、長達六個月雨季來襲與強烈東北季風狂亂肆虐，而七到十月又有颱風與暴風侵略，仍然挺立如

◎蘭嶼燈塔的寧靜浪漫。

©小蘭嶼海上雲景。

初，仍然花開依舊，並肩共存。

　　也正是這份堅毅促成了蘭嶼燈塔的誕生。

　　1979年，影響一時的中美斷交事件，造成舉國嘩然，陷入風雨欲來的愁城氣氛。外交孤立形勢等連串重挫紛湧襲來，連「國際燈塔組織」亦被迫退出，但為因應爾後經濟與貿易發展以及航運安全之需，對於燈塔的增建與設備改善仍不遺餘力。在此情況下，蘭嶼燈塔便於1982年建立，塔身為圓形混凝土造，裝設新式三等旋轉交流電燈，每二十四秒四閃，光力為一百二十萬支燭光，射程達26.1浬，亮度較臨近的綠島燈塔更大，範圍也更遠。

　　1992年，為了更擴大照明範圍，讓航行通過的船隻更安全地穿梭海域，另增設了無線電標桿，輸出一百瓦特電力，射程一百浬，可與高雄旗後燈塔無線電標桿合成一組，方便定位。

　　如此，每二十四秒四閃的白光，已然旋轉過近二十載年月，風雨無阻，日覆一日，野百合始終開放，與燈塔筆直同眺山頂下的潮汐起伏。

　　潮汐起伏波動著，這裡擁有蘭嶼最美之一的海岸線風光。山頂兩旁是延展開來群巒疊嶂的綠彩，足履之下則是彎曲白浪弧線與廣大藍洋，海岸旁的鱷魚奇岩正和燈塔遙相對望。

　　往更南側遠看，是蘭嶼唯一的港口──開元港，港灣不算大，漁船以及島上所需一般生活物資都在此進出，顯得相當熱鬧，它和機場同為蘭嶼重要的對外交通門戶。

　　從日出的熄燈動作開始，守燈員忙碌一天的工作後，終能欣賞

◎蘭嶼的美在一個轉彎道路隨時可見。

到真正最美的日落海平面景觀，但他可不能像小王子一樣沉醉過久，他必須估出最精準的時間，當夕陽掉落海平面一半位置時，他的手必須及時地搣下開關，點亮燈塔的光。這個最重要的結束動作完成了，他可以繼續觀看夕陽直至完全沉沒，天空映滿更絢爛的晚霞，然後準備晚餐。

平淡的守燈生涯，沒什麼特別的發生，他的想法變得很安靜而簡單：關燈、開燈。再關燈、再開燈。迎接朝日、目送夕陽。

蘭嶼島燈塔快拍

位置：台灣東南海域蘭嶼西北端山頂。北緯 22 度 04'58''，東經 121 度 29'42''。

建造日期：1982 年落成，混凝土圓形塔身。

裝設新式三等旋轉交流電燈，每二十四秒四閃，光力一百二十萬支燭光。

塔高：14.8公尺。

燈高：高潮面至燈火中心 216.5公尺。

公稱光程：26.1浬。

其他：1992 年增設無線電標桿一座，輸出一百瓦電力，射程一百浬。

◎如禪般守住寂寞與燈塔的點燈歲月。

一串很希臘的閩江珍珠

馬祖群島

Greece, pearls

海盜。倭寇。阿兵哥。碉堡。殺朱拔毛。誓死反共。三民主義統一中國。

南竿。北竿。東引。莒光。軍令如山。枕戈待旦。戰地前線。福州話世界。

Matsu Isl

◎馬祖群島。

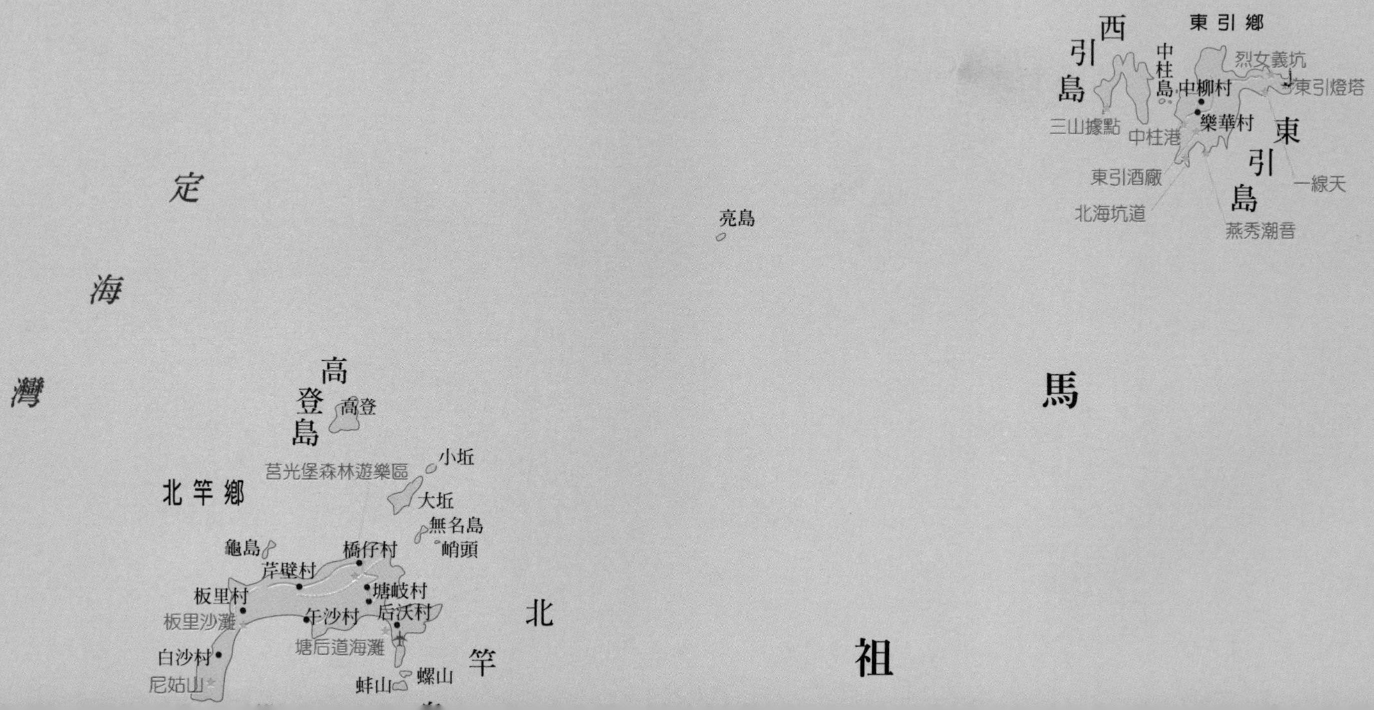

臺灣海峽

馬祖

東引鄉

西引島
三山據點
中柱嶼

東引島
烈女義坑
中柳村
東引燈塔
一線天
樂華村
東引酒廠
東海坑道
北海坑道
燕秀潮音

亮島

北竿

北竿鄉
小坵
大坵
無名島
礮頭
橋仔村
坂里沙灘
塘岐村
坂里村
龜島
芹壁村
板里村
白沙村
尼姑山
作沙村
后沃村
塘后道海灘
螺山
蚌山
高登島
高登
莒光堡森林遊樂區

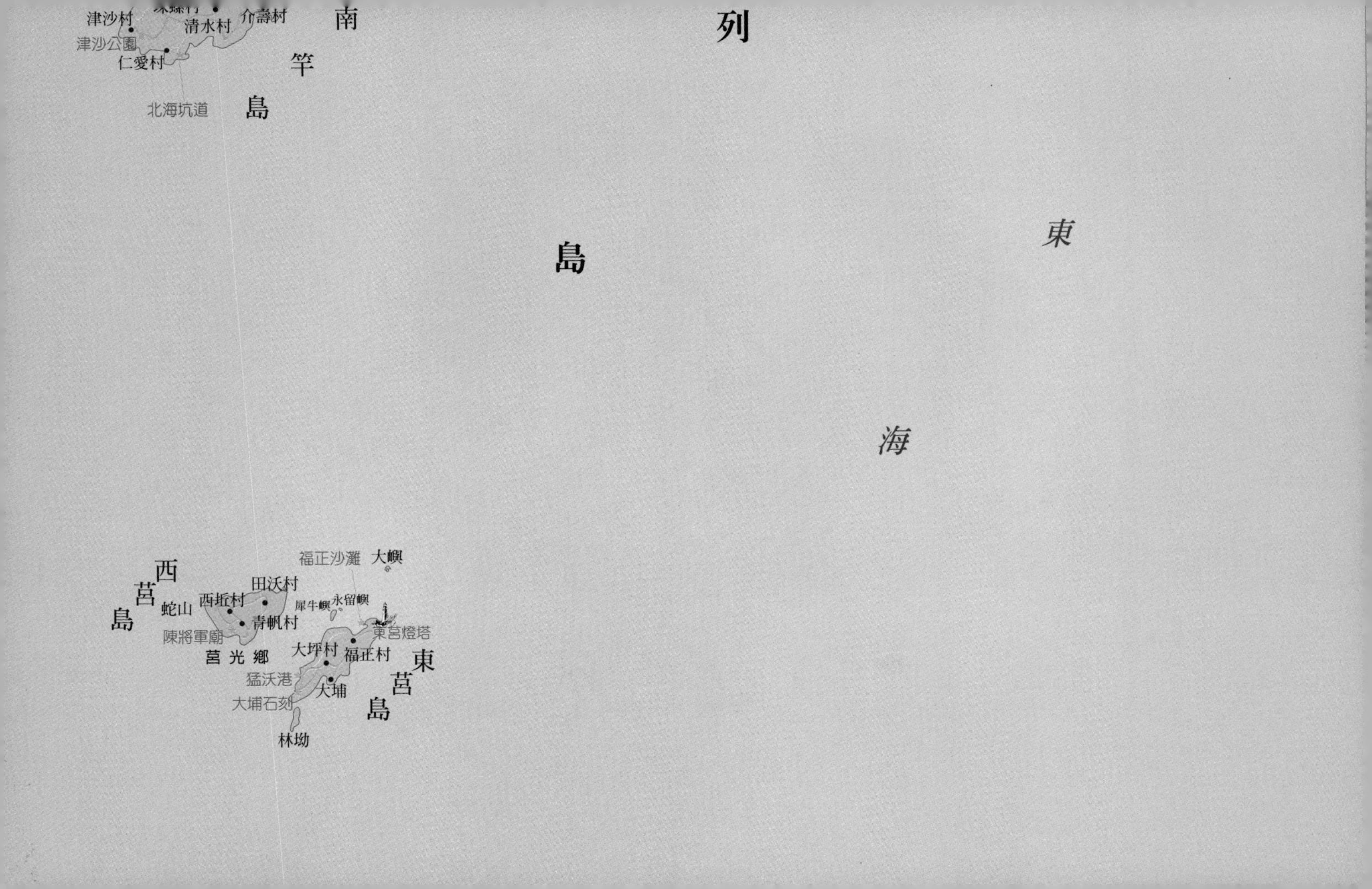

東

海

列

島

南

竿

島

北海坑道

津沙村　坤坵村　介壽村
　　　清水村
津沙公園
　仁愛村

西
莒
島

西莒
　　　田沃村
　　青帆村
蛇山
陳將軍廟
莒光　鄉

福正沙灘　大㽎
屏牛蝌永留嶼
　　　　　東莒燈塔
大㽎村　福正村
大坪村
猛沃港　大埔
大埔石刻
　　　林坳

東
莒
島

有些島嶼以奇異的熱帶魚著稱，有些島嶼以怪狀的岩石吸引人，有些島嶼則以特殊的意識型態作為標記。

那是馬祖，曾經以神祕的邊防島嶼樣貌，歷經充滿弔詭緊張的戒嚴時期、冷戰世紀。

那一條由此延伸開來的虛擬戰線，從此切斷這列群嶼與其緊緊相繫的閩江臍帶，從此它不再與面前不到一公里距離的龐大陸地發生關係，而成為抵禦它的彈丸之地──一座文化與地界皆屬邊緣的軍事孤島。

邊緣，一直是馬祖的宿命。

閩江，貫穿整個福建省，是華南的大河，在福州、馬尾出海後，遺留高登、北竿、南竿、東莒、西莒、大坵、東引、西引等十幾顆珍珠似的馬祖列島，散佈於東經119度 51分至120度31分、北緯25度55分至26度44分，閩江口、連江口、羅源灣之間，台灣海峽西北西位置。

最早以來，它一直是閩江口漁場的休憩站，與閩東沿海保持著流暢的互動，卻也是明末以來倭寇盜匪盤據的山頭。

混沌的邊緣特質，流動的人來人往，使這列島嶼不具主體性。

直到十九世紀末，因官方剿匪行動及外國洋行為了保護往來閩江口的船隻安全，設立東莒、東引燈塔起，馬祖才算正式納入國家版圖。

但民國初始，漁鹽的開發與行政單位的進駐並未提升馬祖的地位，以林義和為首的「海盜」社會形式，有組織地進行海上交易

及島嶼開發，與島上多來自福建省長樂縣、連江縣的居民，形成一個初具的自治規模。語言則以福州話為主，不同於台澎地區所使用的閩南方言，並以陳、林、曹、王、劉等姓氏為大宗。

1949年，決戰的最後，命運改變的一刻，所有的模糊與混沌定位從此消失了！海盜組織也不見了！但還是保留絕對的邊緣宿命，只是這一次馬祖徹底貼上了另一個標籤：「戰地前線」。為了塑造這個標籤，馬祖被迫要靜止不動，接受軍管生活作息，夜間必須熄火，居民組成的自衛隊得為一個突然的情況舉槍奔忙，所有存在的意義只為了準備作戰。

更加邊緣化──它脫離了閩北中國，也不等同於閩南台灣。只是仍然人來人往，輪番上陣這列島群嶼，換成一批又一批的年輕阿兵哥。在這凝住的政治氛圍中，停滯了馬祖經濟與文化發展，逐漸的凋萎使原有的人口大舉向外遷移。它成為一個真正的阿兵哥之島。

然而時代走得很快，隨著解嚴，隨著軍人的銳減，「戰地前線」的馬祖赫然發現自己又重佇立新時代的不確定路口，已然成為冷戰記憶。失去了主要經濟的收入來源，也失去了前進的目標，解除意識型態的標記，諸神離開之後，馬祖要成為怎樣的島嶼？──能否像希臘的克里特島，或者法國的科西嘉島，在最燦亮的陽光裡，在最完整的星圖下，閃爍海洋的光。

◎北竿芹壁村是馬祖保存最完整的閩北式聚落。

馬祖很近，也很遠

在地圖上，馬祖其實很近，距離基隆僅114海浬（西距福州約16海浬），其中東引島離基隆更只有90海浬而已。但因邊防的限制，以及不穩定的天候因素，使它變得格外遙遠。

平流霧在春天三至五月彌漫的時候，形成了阻礙，茫茫的一片，有時可達七、八百公尺的厚度。那是南風從台灣海峽北上攜來的暖溼氣流，與馬祖一帶較冷的海域地面相接所形成的特質，能見度如若太低，飛機便無法起飛。而每年十月到隔年三月期間，強烈的大陸冷氣團南下之際，猛烈的東北季風吹起巨浪，船隻行駛只好停擺，等候風平浪靜才能啟航。

由於地理位置靠近大陸，鋒面可直撲而來，加上洋流調節、無高山屏障，強風長驅直入，氣溫偏低，年平均溫度為18.6℃。其四季極為分明，春暖夏熱，秋涼冬寒，但降雨量卻很少，僅台灣的4%。雨，來自三、四月梅雨季節和夏秋颱風季節，為了便於收集因岩質（花崗岩、玄武岩為主）和地勢陡峭之故而易流失的雨水，島上興建了許多水庫。

有兩種方法可以抵達馬祖：一種是乘坐台馬輪或金航輪船，一種是搭飛機。前者帶你進入了海，以一種漂泊的感情，抵達犀牛般南竿島的福沃港，發現港口「福山照壁」上偌大白底紅字書寫著「枕戈待旦」鮮明的標語。後者則飛上天際，用天空的角度，鳥瞰綜覽著北竿島彎月之形，而後降落在塘岐村附近的大道機場。兩種不同的前往形式，呈現兩種截然不同的島嶼風貌，唯一

◎夜間航行的台馬輪甲板上。

◎風情十足的戰備馬路。

相同的是堡寨環伺與布防的阿兵哥，那是走到哪兒都明顯的記號。

　　我們選擇去時坐台馬輪，離開搭乘飛機。同時領略南竿、北竿兩大島的風貌，並奔向最北邊東引島及最南方東莒島兩大古蹟燈塔。

馬祖命名緣起———南竿本島

　　迤邐一百多公里，總面積29.5平方公里的馬祖列島，以南竿島為中心，北竿島次之，最北為東引島，最南則是東莒島。南竿島不僅是最大島（約10.43平方公里，昔稱南竿塘、上竿塘），也是馬祖的行政中心，連江縣政府、縣議會、馬祖日報、歷史文物

◎處處可見的軍事碉堡。

館及高中、酒廠皆設於此，目前居民約三千多人。而南竿的媽祖
傳說，甚至成為今日馬祖命名的由來。

　　相傳十六歲的林默娘為救出海捕魚──遭遇風浪、船身翻覆的
父親，奮不顧身地投海尋父，後來她背著父親屍體漂流到南竿西
岸的沃口，當地人為紀念她的孝道，就將沃口改為媽祖沃，建立
寺廟奉祀祈拜。而林默娘的石頭空棺也一直留存在馬祖天后宮的
地下，直到國軍進駐，覺得地名過於柔弱，便改稱「馬祖」，成
為列島的總稱。

　　這是一座多山且林木蓊鬱、外形酷似一隻犀牛的島嶼，主脈雲
台山以幅射狀散去群嶺，形成許多臨海環山的港澳，房舍沿山而
上，錯落成險峻海崖間花崗岩砌實的閩北石屋群聚景況。如此，

一共散布經澤（福沃）、清水（美人沃）、珠螺、馬祖、四維（西尾）、津沙（金沙）、仁愛（鐵板）、介壽（山隴）、復興（牛角）等九個村落，兼具漁村與戰地兩種地域特質。而以經澤、馬祖、仁愛、介壽等村落較為熱鬧，商店及飲食、住宿餐館林立，並設有讓阿兵哥休閒娛樂的場所……。

戰地的島嶼，當然結合了戰地化道路、陳列館、坑道、紀念碑與營區基地等景觀，除此，由水庫擴伸出去的綠化公園、傳統廟宇和閩北建築、以及獨特的山海一色港澳沃口等，亦為馬祖的自然人文風格。

旅人由海上登陸馬祖三座深水港之一的南竿福沃港（另兩座為北竿的白沙港、東引的中柱港），即是原名為福沃村、後感懷蔣經國先生恩澤而易名為經澤村的所在地，聳立於港邊龐大福山照壁，實為一座地上五層、地下兩層的連江縣文建館，而山頭照壁上四個「枕戈待旦」紅色大字是民國四十七年七月一日，蔣公於馬祖巡視時所題頒的精神標語，與金門太武山的「毋忘在莒」共名。

你可瀏覽村落東面可謂馬祖最華麗廟宇「華光大帝廟」之後，花費半天時光環繞島嶼。從經澤村沿島嶼地形往南到清水村，其南方的梅石村曾於民國五十年間因黃梅調電影而盛極一時，電影院、餐廳、冰果室、澡堂及撞球場將十餘公尺街道打造成阿兵哥的天堂，直至民國六十年代才逐漸沒落；而村落左側馬祖最大的勝利水庫與緊鄰的介壽公園，和歷史文物館、白馬尊王廟、十烈

士紀念碑等，皆為此村的風光。

再進入灣內珊瑚般礁石及灘頭散落美麗圓石如螺的珠螺村，爬越242個台階直抵山腰一處陣亡國軍將士墓區，臨眺北海岸風光及大陸山河，在西北處則是有名的戰略據點天馬基地。然後沿馬祖高速公路「清馬道」，過山壁四具砲口面向大陸的四大金剛，奔馳入西岸沃口馬祖村落，此村得名自媽祖事蹟，為本島第二大村，海濱的天后宮是馬祖地區的信仰中心，每年農曆三月二十三日媽祖誕辰紀念日為一大盛事。

由馬祖村往北，是舊稱「西尾」位犀牛之尾的四維村，為昔前林義和大本營，亦為重要的游擊基地，目前村落荒涼寂寥，住戶稀少，僅存昔前林義和辦公處兩層洋式紅磚秋桂樓與鄰近秋桂山水庫及西尾夕照相輝映；而此處原名夫人澳的芙蓉澳，曾經是萬商雲集的繁榮商埠，在林義和時代尤為鼎盛，處處麻將間、鴉片館、餐樓林立，夜夜連台福州戲曲，如今殘餘其辦事總部、工廠及老家古厝任人憑弔。

馬祖村往南，途經最寬廣勝天海濱公園，即是南竿除復興村之外保有大量迷陣似閩北建築的津沙村，攬勝著便於戰地交通的車轍道路及以津沙水庫為主的津沙公園等美景，便到擁有馬祖日報、海上礁岩鐵堡及北海坑道（八二三砲戰後專闢保護砲艇之用）的南端仁愛村；再到東方最大且最熱鬧的介壽村，是目前政經、教育及文化中心，為縣政府、馬祖高中、銀行、郵局、公車總站及商場薈萃之處，而日出時分的「山隴映日」亦為奇景之一。

◎芹壁村頹坦的木造建築屋厝。

在犀牛牛角上，即是以崢嶸怪石與海蝕海崖著稱的牛角嶺復興村，在崎嶇的山勢上闢建著錯綜複雜的石屋及巷道，成為知名的傳統聚落，而素有摩天嶺之稱的牛角嶺，可以鳥瞰雲台山以東全景，可由長達 392 公里馬祖酒廠邊的步道登上山頂，而馬祖酒廠及東側的八八坑道，已然是釀製馬祖美酒的重要標幟了！

具現傳統閩北風采——北竿第二大島

台馬輪穿梭海面，看見一排連續山勢起伏突出的綿長島嶼，如同沙漠中的阿拉伯人搭起一個個帳篷，聳立於偌大寬闊海域，喚起旅人失落的土地想念。那是馬祖門戶北竿島，也是第二大島（面積約7.1平方公里，含高登、亮島、大坵、小坵諸島，昔稱下竿塘、長嶼山、北竿塘、長岐島）。但台馬輪直驅南竿福沃港或東引中柱港並不在此靠岸，要到北竿有飛機直達北竿大道機場，或從南竿福沃港乘一般快艇，十多分鐘後便抵達北竿的白沙港。

在地理位置上，北竿更接近大陸領域，其中高登島距離大陸北茭半島僅9250公尺，為早年大陸移民來此捕魚、經商主要的集散地，更早接受中原文化的薰陶，後來成為軍事防禦重點後，因行政中心設立於南竿島，使南竿因基層建設擴展後繁榮程度凌駕於北竿之上，但北竿細緻金沙的塘后沙灘，保存最完整的芹壁閩北古厝，以及馬祖第一高峰壁山俯瞰及景觀公路，皆是無以取代的北竿風光。

我們是在準備離開馬祖的最後一天來到北竿，陽光晴朗的近夏

星期天，海濤穩定，空氣有一種安靜的氣息，沒有什麼人，即使在白沙港，也沒有熱鬧的市集與迎接，同一艘快艇的人們很快就消失無蹤。總共兩千多個居民，六個村落——后沃、塘岐、橋仔、芹壁、板里、白沙，當然很安靜，連阿兵哥似乎都不比南竿來得多。我們驅車而去，在漫漫的一日裡要環繞這彎月般、狹長山岳灣澳島嶼一周很容易。

從最南端白沙港所在的白沙村一路往北馳騁，越過了板里村由芹山、板山、里山三座泥沙游積而成、朝東南向開口的灣沃——板里沙灘，六公頃面積潔白沙子覆蓋成一彎完美的金黃沙灘，恍若夢幻之境，使你想起了希臘與地中海，如此蔚藍。

你以為沒有戰爭的威脅，只有夢想的存在，直到進入馬祖最正典的閩東聚落芹壁村，被滿山錯落的古老石屋建築群震懾住了腳步，停止巷弄間，看見許多的花崗岩建築外牆上，雕刻著「消滅朱毛漢奸」等標語，一時才又明白，戰爭時代還繼續下來，就算小三通以後，敵人還仍然屹立在不遠的對岸，愈加強壯健碩。

這可以說是我們現有領土中，唯一不具閩南風味的地帶，非常中國，從芹壁村完全閩東化建築形式足以代表。其風格與閩南天井式三合院或四合院平面格局大相逕庭，它以一枚印章似大抵方正矩形造型、獨棟雙層、花崗石石砌牆身及馬蹄基座、封火山牆、兩披二落水式或四披（五脊）四落水式屋頂、內部木造結構，呈現強烈地方特色及無比圓融之美。

芹壁村位於北竿島北方，坐落馬祖第一高峰芹山（298公尺）與

◎只有在馬祖金門才可見到久違的蔣公銅像。

北竿第二高峰壁山（229 公尺）之間，村落集中於沃口，依山而築，面海背山，前方海域突出一方外形如龜的小島，叫做龜島。村中居民幾乎都姓陳，多來自長樂縣鶴上鎮同一村莊，在民國四十五年至五十年間人口成長最為顯著，主要以捕獲蝦皮為主，後於民國六十至七十年間聚落逐漸沒落，漁獲量銳減，人口大量外移，以致目前僅餘七戶人家荒涼場面。

芹壁村十四號是全村最華麗的石屋，也是傳說中陳姓海盜的住宅，其石材皆運自大陸青白石，木材為福杉，還特聘大陸福州師傅前來打造，在琢磨光滑石塊之間，毫無隙縫，連椿都插不進去，可見其作工之細緻。而其他各棟建築無論在石塊造型上或窗櫺、山牆及屋身，亦各以精細巧思，淋漓盡致地表現獨特的風格。

走過芹壁村餘存風華之貌後，日正當中，正好前往最熱鬧的塘歧村用膳，這是北竿最繁榮的村落，位於壁山山腳，由攏裡（今體育館上方）、斜坪（大道機場附近）、芹角（怡園東邊一帶）及長岐（現塘歧街道）四處合併而成。在村中中正路、中山路、復興路短短三條街道，密布鄉公所、衛生所、電信局、中正堂電影院，以及商店、特產店、餐廳、旅館、冰果室、卡拉ＯＫ、車站……，可說是北竿的政經中心。許多的假日休憩的阿兵哥聚集在小吃店內，看著電視影集打發閒暇的下午時間，商店內販賣著所有阿兵哥必需用品，從綠色內衣到刮鬍刀、鋼杯、皮帶、襪子一應俱全，而馬祖地方特產——馬祖酥、芙蓉酥、魚麵、八八坑

◎琳瑯滿目的特產。

道（酒）也陳列得琳瑯滿目。

　　義大利的名言是：居所與美食，是自我的延伸。在馬祖，雖然軍事風情掩蓋了自我的延伸，但居所與美食卻仍是精緻文化的延伸。前者在處處可見的傳統建築中得以窺探，後者則表現在豐富的海鮮特產，以及延續自老祖宗手藝的地方美食上。

　　山菅蘭葉包裹的草包，糯米與在來米製成的白丸，蕃薯攪和太白粉及糯米和糖的龜桃，一碗熱熱獨特的高粱湯圓，以及地瓜餃、魚丸、燗糟肉、紅糟雞湯、糟糟鰻及蚵餅、麥香粽、鼎邊炊、魚麵、光餅等等，皆為馬祖美食增添丰采，甚至連菜頭也是赫赫有名的贈禮。

　　你可以竭盡所能地盡情採購，店老闆都會專業地打包成箱，便於旅人攜帶或托運。在臨走前最後，飛機還在大道機場等待開航前，可以繞道至素有「糖沙」美名、馬祖面積最大的塘后道沙灘，這是連接塘歧與后沃兩村的沙灘，昔前兩村連絡時，還得看潮水漲落情況，大潮來臨時得涉水而過，後國軍建一條塘后道公路才解決交通問題。有意思的是機場跑道也是兩村的必經之路，因而在交岔路口設立紅綠燈與柵欄維持陸空通行秩序，該是世界僅有航空平交道奇景。

夜的基隆港，近十一點鐘，猶然散放即將熄滅的燈火燦爛，
一隅闇暗裡沉默的西岸碼頭，
不顧未及登船的落單者頻頻揮手招喚，
船聲鳴響，繩纜乍解，
台馬輪冒著嗆人的滾滾柴油黑煙，緩緩駛離平靜的港口靠岸，
告別街的輝煌，移向黑域中未知的海上……

北方星氏

湧自海洋的

湧自海洋的北方星辰

島燈塔

◎解嚴後燈火燦爛的東引島夜景。

星辰指引最北方的去向，在台馬輪空闊的甲板上，目送逐漸渺小霓虹燈妝點的基隆市區，看著自己熟悉的城市，在眼中慢慢消失，再越過七號、十號、十二號一個個碼頭巨人般貨櫃運輸台架，心生一種壯觀而略微傷愁的心情，最突出丘陵頂上閃爍旋轉的基隆燈塔將光投射最遠所在，轉眼已是黑色裡的海岸線，左側延伸至野柳女王頭一帶，右側九份山區則聚集一團如星的光亮。

　　然後所有陸地皆遺留在船尾之後，愈來愈遠，終至不見，完全投入茫茫的夜之海洋及滿天星空，只賸下燃燒柴油的引擎聲響，成為一首單調的離鄉之歌。

　　竟然去馬祖，彷彿是去異鄉。

　　第一站，東引島，90 海浬距離，睡一覺，天亮就會抵達。

　　船微晃，海浪不大，海潮的鹹溼氣味，夾雜男人們未睡的說話聲，夢幻感與超現實的混沌感覺，朝狹窄的小臥鋪欺身而上，走動的聲音隨天光的明亮程度而越趨頻繁，起身以後，發現邊界島嶼已經在海面水氣間現出輪廓。

　　很快，要奔向一座極小之島的懷抱，導航船劃破風浪潑潑迎來，不顧旅人未調適的陌生情緒，將大船領向岸邊盡是阿兵哥人潮的東引中柱港。我們就這麼踏入了印象中的邊境之域。

　　很小的兩個小島（東引、西引）由一個人工闢建的中柱島堤連結而成，那是駐軍最盛戒嚴時期，軍人曾多達五、六千人，對當地所做的建設之一，在那個對峙的標語時代裡，代表著「人定勝天」的好戰精神。很難想像，當時這麼多人口聚集在這座總面積4.5平方公里的島嶼是怎樣的情景，那時候只有阿兵哥能來這裡，

◎中柳村與樂華村的分界中路。

其他就只有當地的居民了。

這些血緣與福建長樂一脈相承的居民，因早先這一帶海盜倭寇猖獗，而成為寇島盜鄉的海盜子孫。最早記載於史書，是明朝洪武二十年（1387）為防止居民與倭寇同流，且便於監視海上倭寇動態，朝廷特別命令沿海島民遷徙內地，而在東湧島（舊名）設立「遠哨」，駐守斥侯。清初順治年間，再度發布遷界令，以嚇阻鄭成功等抗清勢力，到了清朝中葉，國勢頹壞，閩海一帶盜賊又起，如此興衰起伏，直到民國政府遷台，將海上勢力收編成為「海上保安第一縱隊」，一夕之間，海盜成為官兵，而東引馬祖也成為反共復國的跳板。

如今島上六百名居民中，以公務員、買賣的生意人居多，但實際人口約只四百多人左右，主要收入來自精兵政策後、提供目前僅存兩千多名阿兵哥的消費所得。許多人很早就離鄉赴台定居了，離開這傳說中一夜湧現、原名「東湧」的深水海域之島，以「水深潮暢、群礁拱抱」而吸引眾多魚群的美麗漁場。在島上南澳、北澳、獅子村及西引三家村四個自然村落，徒留一片冷清，只有南澳村稍具繁華熱鬧，是居民的集中處，為方便分割行政區域，便自沿階直上的中路一分為二，成為中柳村及樂華村，往下便是中柱港。

足履這最北方的國土上，處處是一種戰地氣息，雀鳥鳴叫整個下午，如若除開那些舉目皆是的碉堡、石壕及駐防的軍營，或許將可更清朗地呈現這座島嶼的本質——多端的氣候下殊異的季節風色：暮春霧季白色霧海的如幻夢境或仲夏銀星萬點的南國風

◎通往東湧燈塔路上的嶙峋怪石。

◎坐落險崖的東湧燈塔。

情：秋之山野滿天飛揚的狼尾草及遍地絢麗的黃色野菊，而冷冽的霜雪寒冬則充滿北方冰涼氣氛。

你可以更加感受其崖之險峻、海之浩瀚，從一線天到燕秀潮音洞，從中柱港到烈女義坑，無一不是巨大壯觀的花崗石海岩奇景完全演出，海水的深藍淺藍、浪潮的白晰、岩層的暗灰亮灰、土壤的咖啡紅到草地的翠、山坡的綠及天空的澄藍，所有的顏彩分別潑灑成一體，成為變化萬千的自然風景。

而流連在錯綜紛亂的山陵屋厝及彎曲山巷間，廢棄石砌屋淹沒了許多七○年代式的西餐廳及卡拉 OK、名酒咖啡 PUB……，招牌猶懸掛門楣，復古俗麗的名稱：麗晶、金帆船、小甜甜之類的。在一些歷史更加悠久的閩式古厝廢墟內，長滿了草海桐，成為野貓的樂園。但一般百貨商店及特產店、小吃店、理髮廳、書局、檳榔店，以及自家民宿旅館則仍然生意興隆。對於兩層樓磨石建築、舊調調的軍郵局，也一片好奇，昔時傳統公家機關的辦公方式，一整排一格格編號清楚的待領信箱架上，不知寄予多少魚雁往返的期待，門口牆壁還貼出一塊本週電影的告示牌。

六月陽光極耀眼，如此以閒逸心緒無事般地晃蕩，坐在中柳村與樂華村分界的中路石階上，看著台階到底端的中柱港灣，似乎冉冉飄搖著一面青天白日滿地紅的國旗。

一幢十八世紀英國風東引別墅

從沒有一座燈塔像是要奔足到天上神仙之所才能追尋到底，然

194

後發現屹立在這如太虛般縹緲幻境卻不是一座紅樓夢大觀園，而是一系列十足十八世紀歐風典雅氣質的英式別墅建築群。

東湧燈塔，東引島最美的白色地標，亦和南端東莒島上的東犬燈塔共同扼守閩江口及三都澳口，成為「閩海關」進出福州馬尾之重要航標。

隨山道大弧度曲折起伏、蜿蜒驅車著，雖然在一座小島，卻總有奇異的遼闊感，那是因為這兒山之草野與無盡海洋連結的關係吧！直到最東北端世尾山東南面突出的邊角線上，必須下車步行，才發現已置身在一條古老的狹徑上，緊貼著崢嶸石林羅列的一片花崗岩險崖，另端則完全逼近海，海風再狂放一點，整個人就將被吹入海洋裡，變成一隻魚。成片紅花石蒜攀附在壁石間，開花季節，整團粉色調的花色就像浮出藍海的一抹神來之筆。

風在吹，雲在跑，接近雲端的感覺，又像是在高聳的黃山奇岩間，巍峨巨石上開闢了一處「太白天聲」觀景台，特別是春夏之際雨霧更加迷離時，置身於此，聽海浪撞擊崖壁的雄渾濤聲，如同天界無限的遠方鼓音一般。

再迎向赫大風勢拾級往上，即刻現出一座白色迷人、三級古蹟的東湧燈塔，風把頭髮都吹散，燈塔卻絲毫不動地立在陡峭的岬角上，一年四季都是這種強勁的風勢，到了冬天，燈塔內四名看守的駐守員不知如何進出這海上的呼嘯山莊。

但這問題顯然未成為困惑，自1904年（光緒三十年）燈塔完成，同年五月十八日日落時開燈以來，近一百年過去了，父子相

◎充滿戰地前線風光的東引島。

傳的燈塔人員始終無懈怠地駐守看護,未曾因風雨龐大而失職。除了戒嚴時期一度停止發光之外,但那時燈塔的維護保養工作仍然持續進行,直到 1988 年增設了兩組霧號後,隔年重新發光至今。

這是大陸「福州航區」最後一座燈塔,也是根據官方記載中1908 年以後閩海關所轄的四座燈塔(東犬燈塔、牛山島燈塔、烏坵燈塔、東湧燈塔)中設備最新的一座。近年大陸「福州航區」則以烏坵燈塔為第一燈,牛山島燈塔為第二燈,東犬燈塔為第三燈,東湧燈塔為第四燈。

當時是為了因應清廷因不平等條約,於1899年開放第四個通商口岸三都澳開埠通航之便,特別選擇險礁密布、港道曲折的澳口外之東引島上創建東湧燈塔。而1901年三月一艘蘇布倫號輪船的觸礁沉沒,更加強其時海關總稅務司赫德興建的決心,他聘請英國工程師哈爾定負責設計建造,自1902年起,歷時兩年時間,終於完成塔高三層、由塔身、塔燈及塔頂三部分組成的東湧燈塔,其塔身由一公尺厚的紅磚疊砌而成,塗以白色鋅漆,塔頂為鑄鐵構造,地面則鋪設花崗石板。

初成於1904年之時,為一「白色圓形磚塔、塔身約高二丈,上安頭等透鏡乍明乍滅白光燈一個,每二十秒放迅光三次,燈火距水面高約二十七丈七尺,晴時應照七十五里。」

陸續加強照明設備外,1913 年首度進行整修,後來 1946 年、1955年再修,1966年九月因艾麗絲颱風過境造成塔燈嚴重受損,

◎東湧燈塔素有東引別墅之稱。

同年十一月在塔頂另裝一具2600支燭光五等電燈，每十五秒連閃白光三次。1989年復燈後，1990年房舍與環境也重新整修一番新貌。

　　縱覽錯列於高高低低，幾為四十五度角峻峭陡坡的燈塔總體建築，各以狹窄高聳的階梯及廊道連繫，由北向南、由高往低呈一線排開，如此高斜率的陡坡平面配置，算是絕無僅有的奇觀，總共分成圈舍（已坍塌廢棄）、員工房舍、辦公室、燈塔、庫房等，猶如一條攀附崖壁的長龍，串成一道長階相接的動線。

　　風吹打著旗杆上扣攬的繩索咚咚地呼響，古典風標奔轉在塔頂上，海面飛越數隻黑尾燕鷗及蒼燕鷗，在一處空蕩的石碉堡內，徒留幾句標語「誓與共匪決死戰，誓與防地共存亡。」當年留言的年輕軍人，是否懷想過這座曾經共伴青春的古老燈塔，以及每日駐守的石壕呢？也許他的淚或者他的恐懼也一併書寫在斑駁的灰色牆面，只是我們的肉眼只讓我們看見表面上的口號文字而已。

東湧燈塔快拍

位置：福州區東引島東坡。

建造沿革：1904年建成，圓形磚造塔身。1913年修整，原一等旋轉石油燈，於1966年被颱風吹毀，同年十一月另於塔頂賜台裝設五等電燈，每十五秒日光三閃，光力2600支燭光。因軍事之需而暫停發光，1989年復燈。

塔高：14.2公尺。

燈高：高潮面至燈火中心97.8公尺。

公稱光程：11.3浬。

其他：1988年增設霧號兩組，音達二浬之遠。

◎隨著開放揭開了東引島的神秘面紗。

漂流於遺失引航犬島
———東莒島燈塔

黑色高地，潮水湧動，繁星之下，

巨大燈塔光束旋轉投射，一座圓形光圈的迴轉木馬，

白熾混合聯閃光，每二十秒連閃三次，

載著我們消逝的青春情懷，去到無盡宇宙邊端。

◎東犬燈塔目送夕陽。

去那種極小的島常會有一種遺失感，似乎將會被整個海洋給覆蓋了！抑鬱而終或繁華幾多，在那裡直到天荒地老，也不會有人知曉你的存在與命運。

　　就算有無邊的沉默，還是要再度親臨那樣的小島，去探索另一座馬祖燈塔的神秘之所。

　　於是，從東引到東莒，從馬祖最北方到最南端，以南竿福沃港為中轉站，龐大台馬輪船換作輕盈小快艇，在霧色已盡散的連續奔波早晨，五十分鐘不算太近的快艇航程，飄越如紗起伏海面，看見兩座似趴伏的對立小犬嶼——舊名東犬、西犬，面積分別為2.5平方公里、2.2平方公里的東莒島與西莒島，合起來是一個非常戰地的名稱——「莒光鄉」。（舊稱白肯、白犬，1971年易為此名。）

　　我們直接登陸東莒猛沃港，捨離昔稱「小香港」的西莒島，那兒存有顯赫一時的「青蕃」繁華陳蹟——韓戰時期，美國西方企業公司派員進駐於此搜羅大陸情報，並不時運輸大量舶來品等物資，繁榮了此域的青蕃村與青蕃港，林立的酒吧、餐廳與舞廳……共同堆砌一座不夜城，但青蕃（台語稱西方人）走了以後，褪去了奢華，也返璞歸真易名為青帆村、青帆港。

　　除此，曾留下無數戰爭史蹟的西莒島，尚有靈驗護佑的地頭神陳將軍廟，西部東海游擊隊曾駐守的西坵村，位於田沃山西南斜坡、一片綠田的田沃村，以及盛產紫菜聞名的最北方菜浦澳等等，皆是構成西莒的種種。

◎東犬燈塔獨樹一幟的擋風牆。

一座古典五角涼亭，一塊題寫紅色大字「猛沃港」斜立巨石，指示我們下船的所在——位於島西大坪村目前東莒島唯一進出門戶，迎接著朝夕往來的軍艦與客船。

雖然島東另有一座大埔港，是1617年風雨威嚇夜晚，明朝沈有容將軍登陸東莒（當時稱東沙），於此峽灣不傷一兵一卒而降服倭寇之地，但該港現與村落落差頗大，出入不便，加上大埔村早已蕭條沒落，人去樓空，僅存一戶人家與修復的殘留古厝民俗村，一起持續著傳統建築風華。

而當年降倭事蹟則被記錄在島上最南端、現為三級古蹟的大埔石刻上，書寫歷史見證：「萬曆疆梧大荒落地臘後挾日宣州沈君有容獲生倭六十九名於東沙之山不傷一卒閩人董應舉題此」，疆梧是丁日，大荒落為巳日，合為「明神宗萬曆四十五年」，地臘是五月五日，一挾為十日，日期則為「五月十五日」。大埔石刻是國軍進駐東莒後修築工事時發現的（1953年出土），後來1966年國軍防衛司令官雷開瑄將軍下令建造大埔懷古亭，為石刻安置樓所，而有今日規模。

白花花的日光直射島上所有村落，舊名東河、下沙、東肯、東犬之稱的如此彈丸之島，散發一股悠閒充裕的緩慢節奏，就像遺失的童年山巷與錯落直上的一間間房厝，總共兩個村落：大坪村與福正村，近兩百名人口。

大坪村由轄區「大埔」、「熾坪」取前後字得名，目前島上居民大多居住在熾坪迤邐的丘陵一帶，日字形街道上，密布的小吃

店與雜貨店、學校與民宿旅棧，統合成一處生活機能區，所有人都是鄰居，或者公家機關的同事，再不然就是看彼此長大或衰老的熟識。阿兵哥則所剩無幾了，從最高駐軍曾達兩三千人之多，跌落到目前不及千人的景況，以致原有一兩千名吃阿兵哥飯的島嶼人口無以為繼，大舉遷移本島桃園、基隆，沒落成現下實際百餘名常住居民。

在幾乎杳無人跡的空蕩福正漁村，所有的沒落成為一個永恆停格。儘管福正沙灘一彎潔白細沙猶吻著溫柔潮水，海濱的濱柃木、海芙蓉依然茂盛，難看的石狗公、孤僻的石斑魚以及冬天隨海藻滋長靠近礁岩的黑毛還見得著行蹤，而如圓錐火山的一圈圈藤壺漂流在潮間帶，偶爾飛越數隻奇特的岩鷺，卻都只是物換星移、人煙過後的冷清風光了！

這昔時漁帆搖曳、舟火生輝的典型閩北式漁村聚落，曾經擁有一百多戶人家的盛況，兩層樓花崗岩石砌屋舍隨海崖的弧度散置，長方形屋身、二斜式屋頂、屋瓦以石材鎮壓，自沃口一路蜿蜒至山頂白色東犬燈塔，從遠處眺望，形成一幅極迷人的漁村全覽，而修繕復建後的福正古厝，將與周遭亮麗的海岸線——福正沙灘、酒旨澳、呂何崖等充滿傳說的景點，以及東犬燈塔連結成一道別開生面的行走路線。

星光與豔陽下的東莒燈塔

置身無垠的黑色高地，周遭是無垠的潮水輕伏湧動，繁星布滿

◎由東犬燈塔眺望福正灣海岸線。

◎飛舞芒草記綠風的線條。

穹蒼，一顆顆斗大而清晰，無數星點化作一道遙遠的銀色之河。此刻，在我們頂上除了星河以外，還有著巨大的燈塔光束正在旋轉、投射著，渺小的身軀被籠罩在圓形光圈之下，白熾混合聯閃光，每二十秒閃動三次，一長兩短，先閃一閃，後連閃兩閃，讓我們一睹白光隨逝去的秒數形成異樣迴轉木馬奇景，令人隨之目瞪口呆，迷惑不已：我們究竟是在浩瀚海洋裡的一隅或是無盡宇宙的邊端。

想起在白天，這兒卻是一派悠閒的英國陽光風景。如毯綠茵上，矗立數幢歐洲潔白洋房以及一座典雅圓柱體建築──東莒燈塔，他們喚它「白毛城」：清同治十一年（1872），為利於閩江口進出福州馬尾通航之需，便由當時海關總稅務司赫德主導，海務司福布斯企劃，營造司韓得善著手設計，於東莒島福正村標高117公尺東犬山巔，建造這麼一座近二十公尺高、花崗岩砌成的燈塔。這也是繼上海及長江口中國第一批洋式燈塔後，轉往台灣海峽及東南沿海續築的第二批燈塔之一，迄今近一百三十年過去，是馬祖境內唯一一座二級古蹟。

那一身質地厚實的花崗岩石所堆疊成的古堡造型，該是旅人第一眼就為之著迷的焦點，據說，那是來自一艘漁船的壓艙石，也有說運自福州內地。而第二眼感到讚嘆的地方是一道長長的白牆，連綿於燈塔正門朝西南與辦公室中廊大門串接的斜徑中間，它是為了防止強風橫掃而修築的一道罕見的防颱牆，牆將道路區分成東西兩邊，讓燈塔人員在不同季節依照風向選擇而行。

◎東犬燈塔燈器。

而整個原為長方形基地被軍營截去西南一部後，在面積減為10549平方公尺的範疇中，除了燈塔主體建築外，另含括了辦公室、廚房、儲藏室、霧砲砲台、火藥房等其他附屬空間，早期的主任管理員多是英國、丹麥、俄國、荷蘭等歐籍人士，直到1949年才改為國人擔任，至今已歷經六任以上。

　　這一座初名「中犬燈塔」國寶級的美麗燈塔，整個樓高四層，由塔身、塔頂、塔燈構成，其中塔身佔了三層，高10.66公尺，牆壁厚達99公分，逐漸往上收縮。筒頂為塔身的收頭，由平整花崗石構成平臺，並以直角及凸弧線條出挑，外圍環以花式鑄鐵欄杆。

　　塔燈則為鑄鐵構造，高5.25公尺，分為上下兩段，下段是工作層，上段是角鐵支撐、十六面梯形彎弧的透明玻璃罩。最早採用英國張氏公司製造的蚌形平面佛萊斯納折光透鏡二等旋轉鏡機及二燈蕊多孔油燈，1899年改為燃煤燈，1912年改用八五公厘白熱石油氣燈，燈塔後遭颱風及二次大戰破壞，於1928、1933、1954進行大規模整修。

　　1956年台海情勢緊張，靠閩江口方向的燈罩全部塗黑，燈質減半。1958年「八二三砲戰」開始，東犬燈塔全面停燈，直到1992年馬祖解除臨時戒嚴，結束戰地政務實驗，施行地方自治，東犬燈塔歸還海關管理，終於在1993年改裝台製250瓦燈泡，為漫長燃油期劃上句點，並於三月五日正式復燈，2900燭光光力，照射20.5浬以內晴朗天氣的所有海面船隻。而霧季時節，則需利用燈

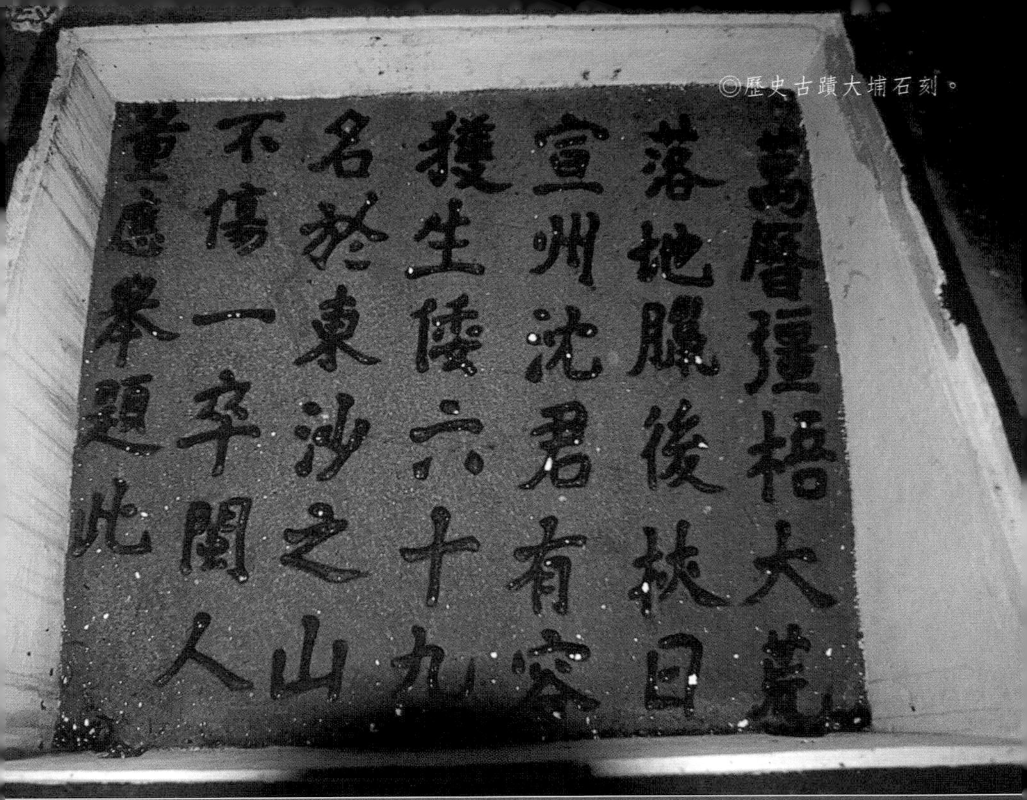
萬曆彊梧大荒
落地臘後挾日
宣州沈君有容
擭生倭六十九
名於東沙之山
不傷一卒閩人
董應舉題此
◎歷史古蹟大埔石刻。

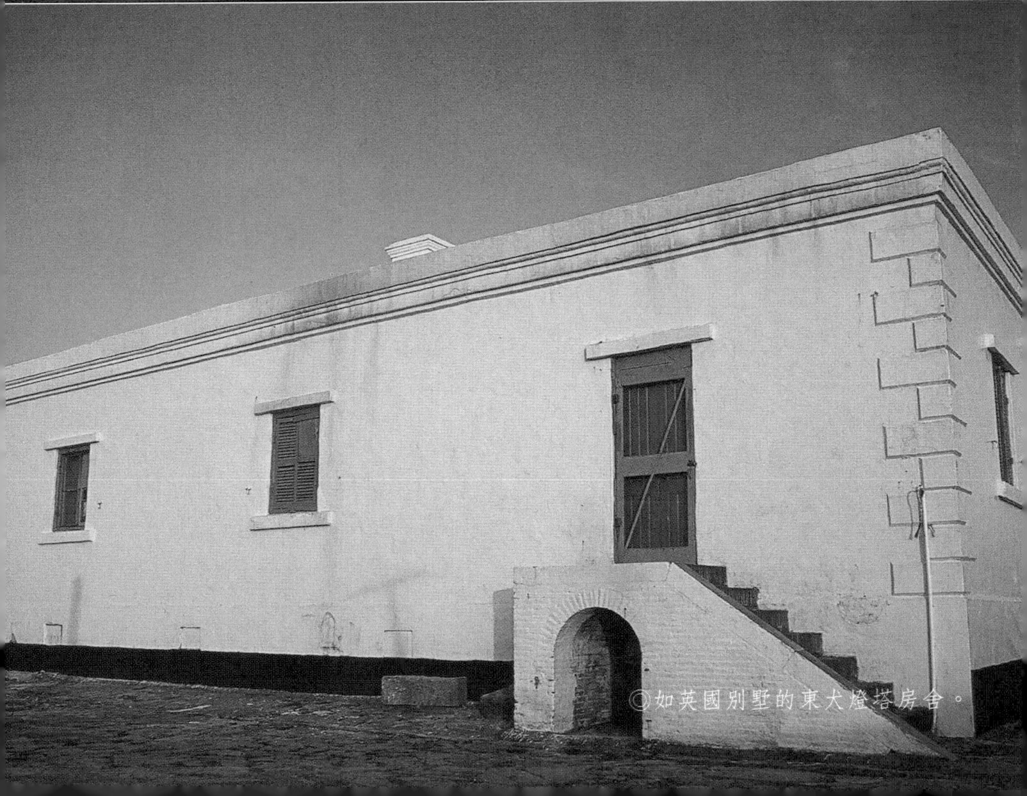
◎如英國別墅的東犬燈塔房舍。

塔北方兩支霧砲鳴放的霧號示警，目前卻不再使用，只供作參觀。

　燈塔的白光一再旋轉於黑域之中，因為完全黑的緣故，以致光芒顯得更加燦亮，夜似乎沒有止盡，引領前來的某個與我們同船邂近的在地男人，娓娓說起昔時共軍空襲時四處奔溢著民兵與軍隊整合的種種緊張情況，在如此極具戲劇感的燈光效果下，一切像是虛擬的故事一般。直到他舉起手，指出海域上近在咫尺幾點漂蕩移動的大陸漁船船火時，才令人恍然大悟——原來那些敵對的年代確實存在，戰爭的陰影始終未曾稍減，一路延伸而來，不知何時才能真實地終結，讓此域的未來隨這復燈後的東莒之光，引航出一道無暗潮洶湧、險象環生的繁榮前程。

　不知何時，夜繼續著。

東犬燈塔快拍

位置：福州區東莒島東北角。

建造沿革：1872年完成，圓形石造塔身。1913年、1928年陸續整修，裝設一等旋轉透鏡石油燈，每二十秒白光三閃，光力29000支燭光。曾因軍事之需而暫停發光，目前已復燈。

塔高：19.5公尺。

燈高：高潮面至燈火中心78.3公尺。

公稱光程：16.7浬。

216

◎百年的東犬燈塔。

一種失速感・**毋忘在** 金門

料羅灣的漁舟，依然擺盪嗎？

寫詩和一張潦草的軍中書信，不在 21 世紀。

電腦依妹兒可以傳達想妳的情緒，要多瘋狂都可以！

阿兵哥還在站著崗，

有沒人記得經國先生已經走了很久，鄧麗君也是，**何日君再來**。

五十年了！**防風的** 木麻黃 **陸續都死去。**

他們說：楓樹將取代一切漸漸消失的綠，

「軍中樂園」關上應召大門，

從此大砲不再對著小砲，

從此 **古寧頭** 和 **823** 變成一座永恆的紀念館。

從此金門會變得很快樂嗎？

小三通， 大三通，暢通兩岸，

記得。先拿掉海灘的 **地雷** 和 **炸彈**。

◎金門古寧頭。

◎山后民俗村。

晃蕩．霧中金門

◎金城鎮一帶海濱夕景。

幾乎不帶一絲感覺，比如說：雀躍或夢寐以求之類，甚至是恐懼戒慎的心理，隨意搭上某航空公司班機即前往金門——「遙遠」的前線戰地。

五十分鐘，雲端射程，忙著堆疊情緒，想著曾經的那年代，有哪些認識的男孩服役於金門，以為永不回來……，沒有用，時代早已過去，這種假想的惆悵與緬懷，完全無濟於事，只有純粹觀光者的週末度假感。

陽光好得不可思議，但海霧也依然瀰漫得不可思議，哪來這麼多平流霧？飛機能降下來，算是四到六月裡完全霧季的 lucky day，不可思議另一章：原來，以後的以後，台灣直飛大陸廈門將如此之快，五十分鐘，可以到達金門；五十分鐘當然也到了一線之隔的對岸廈門。

瘦黑的金門男人來迎接我們，說道地的金門式閩南語，有些語音略微差異。汽車開始環繞整個島，說起來還不算小的一座島，寬敞的雙線軍用輒道，兩旁林立相當高的樹林，大多是木麻黃，已經四、五十年齡，有些逐漸死去，有些被颱風刮毀，在殘缺的空白上，陸續以楓樹或樟樹替代。

經過的一切乾淨極了！可以說是去過的許多島嶼中最充滿綠意、整潔的一所，簡直該獲頒一張榮譽獎狀。但這類標舉在這兒已經太多，戒嚴太久，人們的心才隨逐漸的觀光開放跳動起來，質樸的精神仍然是這的人的無尚特質，雖然生意人還是很會做生意，貢糖、高粱酒、麵線、菜刀……，都快取代軍人之於金門的

223

聯想力。

　　質樸的力量，使這戰地前線停留在某種時代氣息之下，突然一個林立連排老式建築商店鋪的巷街，或者正邀約泉州劇團熱鬧演出慶賀三百多年城隍廟誕辰的廟會場面，以及馬路圓環中央還立著蔣公銅像和無數牆面標語，都帶你返回遙遠的一九七〇年代。在一切欲將起飛之時對未來滿懷著衷心期待。

　　那是一種亟待遠颺的心情，但卻不是目前金門懵懂不定的狀態。無論如何，對金門而言，就算是戒嚴時期，至少它軍事島嶼的定位是很明確的，現在也仍然是吧！只是十萬軍人銳減成一萬多名阿兵哥，僅僅現有 4.8 萬居民的四分之一，金門人只有仰賴國家公園的觀光名號及未來確實兩岸三通，做為自我勉勵的發展前景。

　　很特別的一站是「經國紀念館」，這位一生巡視金門達 123 次令人尊崇的蔣經國先生，是對金門地方建設貢獻最多的一位，他說過的一些話，日後想起來覺得非常富有時代意義：「金門今天的建設成就，全靠大家共同努力，以軍民團結合作精神，必可為國家帶來更輝煌的前途。」

　　這確然不是一個標榜合作或團結的新世紀之初，猜疑、不信任、詆毀、破壞……每個人都拼命發聲的新時代裡，除了金門這地方，你能在哪兒找到那位並不聒噪而總是在盡力建設的領袖者的精神遺跡？大量的圖片與史蹟，甚至是穿過的樸素衣著，你突然覺得一個人會被紀念很久不是沒有道理的。儘管那不一定是個

◎潔雅的金門街景。

毫無瑕疵的完美聖者，但能提出「具體」貢獻的的確確是很重要的。

暖陽曝曬著這古老海上城池，俯拾皆是的懷舊印象，自無數一級、二級、三級古蹟或古厝聚落散發無盡餘暉，你才恍然大悟，原來早自晉代五胡亂華之時就有中原人士避遷至此。軍防意外的好處是保存了大量的古董玩意兒：建築或傳統藝術，使它們不因快速現代化建設而瞬間灰飛湮滅。當然，民國八十一年解除戒嚴後開放觀光以來，也同時興建起不少新式建築，形成金城、山外等繁華商圈，過了昔前夜晚熄燈的宵禁之後，不怕敵軍空襲、夜放光明的現今之時，高樓也一幢幢勇敢地矗立起來。

除此，有一個地方，非晃蕩不可！不是神秘至極的戰爭據點，像是幽深晦暗的軍事坑道或詳說古寧頭、八二三戰爭歷程的戰史館，而是代表金門最高標幟的太武山『毋忘在莒』，關於巨大勒石斗大紅色題字如何而來，眾所周知。

也許可以不帶著那樣朝聖者的心情，只以漫遊者的足履，可以完全光著腳自山腳擎天廳一帶開始斜坡而上，你便踏上一趟神仙者的雲端散步經歷，因為沿途如黃山飛來插石鋪陳於山側，展露各種嶙峋絕美的姿勢。而雖然只是一兩百公尺丘陵高度，頃刻間卻如墮五里霧、標緲雲嵐奔馳的迷離氣氛中；當風遙遙拂吹之際，整山蒼勁的松樹都在搖曳唱歌，天籟松濤一陣陣唰唰掠過，直到了『毋忘在莒』，直到了梅園外的海印寺，梵唱頌經告知了終途末站，你乍然初醒於淡泊無拘的晃蕩霧中金門夢境。

霧中金門，最危險之處，不在於對岸的砲彈轟炸，卻是飛機可能因天候濃霧之故，導致能見度太差，無法順利降落被迫返航，而一併取消原訂同機載客返台的航班，也因此一個不小心可能百位以上的旅者得同聲嘆氣，一起滯留在金門，繼續吃著早晨熱熱的廣東粥，精神抖擻地繼續晃蕩。

◎瓊林古厝飛簷。

◎中國風濃郁的金門蘭湖。

了 解，
金門 一些

【地理輪廓】

→外形酷似一枚銀錠的金門本島，東西兩端寬廣，相距約20公里，島中央狹窄（最狹窄部分寬僅三公里），南北距離15.5公里。

→位於福建省東南廈門灣內，九龍江出口，東經118度24分，北緯24度27分，緯度與台中區相當。西隔廈門港僅10公里，東到台灣則為277公里。

→全縣面積150平方公里，包括金門本島、小金門、大膽、二膽、北椗、東椗……等十二座島嶼，設有行政區金城鎮、金沙鎮、金湖鎮、金寧鄉及烈嶼鄉。

→其島嶼岩層絕大半由花崗片麻岩組成，主峰太武山，自海上遠望，恍若一名仙人躺臥島上，故稱「仙山」，而山間錯落的紛石如同印章上的篆刻文字，另名「海印」。它與東邊的鵲山、鳳山，西部矛山，西北獅山、虎山、天摩山，以及南方的雙山、長安山、豐蓮山等等大小起伏的丘陵山林，構成金門海上仙洲的標緲綠意。

→這兒屬亞熱帶海洋氣候，全年降雨以四至八月為主，颱風多集中在七到八月間，冬天吹東北季風，十至十二月風勢較強。年平均溫度22℃，十二月至三月間氣溫最低，最低達13℃，而八到九月是氣溫最高時候，溫度約30℃左右。

【歷史速描】

→關於金門的舊名，包括：浯洲、仙洲、浯島、浯江、浯海、滄浯等。

→名稱來源：明太祖洪武帝二十年（1387），為防止倭寇入侵，江夏侯周德興在此築城設寨，並安置守禦千戶，有感於其險要形勢，而言「固若金湯，雄鎮海門」，便取名為「金門」。

→依照金門出土貝塚，距今約五、六千年之久，顯示金門在史前時代即有人居。

→金門最早開拓始於晉代，元帝建武（265）年間，五胡亂華，中原六姓：蘇、陳、吳、蔡、呂、顏等為了躲避禍害，徙遷於此，成為金門第一批居民。

→唐德宗貞元十九年（803），牧馬監陳淵，率十二姓牧馬屯居金門。

→唐明宗長興四年（935），隸屬於同安縣。

→宋時，島上開始輸入戶鈔，南宋高宗紹興二十三年，大儒朱熹擔任同安縣主簿，設燕南書院，渡海來此講學，帶動金門文風，人才濟濟，而有「海濱鄒魯」美名。

→明朝與台灣互動關係逐漸頻繁。明末魯王隨鄭成功轉據金門，駐軍十八年，練兵造船，成為「反清復明」的根據地，而後鄭自料羅灣光復台、澎，許多金門先民跟隨遷入台灣，一脈相連。

→清雍正元年（1723），設立浯洲鹽場大使，十二年同安丞移駐

◎閒暇看風景聊天的金門人。

　　金門。

→民國四年，金門設縣。

→民國三十八年古寧頭大捷，金門實施戰地政務。

→民國四十七年，八二三砲戰，共軍沿海砲轟四十四天，著落四
　十七萬枚砲彈，並開始往後二十年「單打、雙不打」，雙方軍
　力角逐之爭。

→民國八十一年，解除戒嚴，軍民分治。

→民國八十二年，第一屆民選縣長誕生。

→民國八十三年春，選出第一屆縣議員。

→民國八十四年十月，成立金門國家公園管理處，成為第六座國
　家公園，以保育史蹟及文化景觀資源為主。

驅魔鎮風，
看我
風獅爺

你繼續繚繞吧！整個偌大金門島，你將發現一樣幾乎無所不在的幸運標幟。

在村落的入處，三岔路或者廟口，各式各樣可愛的、威猛的，種種不同造型的一隻隻石頭雕獅，正昂然矗站在紅土大地上，鎮守住漫天塵砂及強風灌頂。

那便是金門最出名的守護神──風獅爺。

風獅取自風師的諧音而來，也有稱它為：風伯。

風師最早的典故，應該來自於《風俗通義‧裔祀典篇》所說：「風禮風師者，箕星也，箕主簸揚，能致風氣。」

於是以訛傳訛之下，許多人把風師當作風獅，以為能鎮住風砂，便為風獅爺立身塑像，成為萬能擋風的神明。

金門風獅爺的創立，起源於明末清初，居民苦於風患，邪祟叢生，草木不長，加上鄭成功大量伐木造舟，使整個金門島光禿不毛，為求鎮風，便開始樹立風獅爺，逐漸地形成風氣，更成為聚落的守護神，甚至是金門獨特的人文象徵。

這些多為石雕的風獅爺不僅庇佑著百姓安寧，更是藝術、文化上的精緻傑作，祂造福了金門人，亦被飄洋越海地傳入了日本沖繩島，當在這些海洋島嶼之所，看見共同的祈福圖騰，突然有一種「我們是一家人」親切，而這不也是風獅爺所要示現的和諧內涵？

微醺之間,淺嚐朝聖貢糖

〈金門特產 1〉高粱酒

一向以香醇甘冽馳名的金門高粱,採用特殊固態發酵遵照古法精釀而成,帶著獨特的甘露口感,風靡遠近,深受坊間歡迎。其中以俗稱「白金龍」特級高粱酒最為普及,年產量可高達千萬瓶以上;而頂級陳高卻是箇中極品,歷經五年地窖存放,從一般特級酒提升為熟陳,更是充滿無比冰清芳香質地,堪與國外名酒分庭抗禮。

〈金門特產 2〉 貢糖

　　金門赫赫風勢使得收成的花生粒小紮實，口味極佳，結合乾淨水質與新鮮空氣所製作出來的貢糖相當好吃，是金門最負盛名的特產之一，與蚵仔麵線齊名。

　　關於貢糖名稱由來，有兩種說法，一說是朝盛皇帝的御膳貢品；另一是製作貢糖的過程中需經不斷摃打，以使糖質綿密，無論哪種說法，皆表示貢糖美味十足，目前已研發出十多種各式各樣口味，鹹甜皆宜，適合送禮。

〈金門特產 3〉 菜刀

　　到金門帶一把菜刀回家？沒錯！從民國四十七年八二三砲戰之後，歷經與對岸共軍大小諸役「單打雙不打」，以迄六十七年歇戰為止，中共投入金門的砲彈已達百萬發，無數的廢砲彈成為金門菜刀最佳取材來源，特殊鋼質加上精湛的製刀技術，打造金門菜刀無往不利絕佳口碑。

〈金門特產 4〉 陶瓷

　　也許你帶不走一具龐大的石雕風獅爺，做為家居的避災趨福吉祥物，你可以到金門向來聞名的陶瓷店買一尊小型的陶土風獅爺塑像回去。金門火成岩的地質，蘊藏著豐富瓷土，以及長石、石英等上等陶瓷原料，創造其陶瓷業的發展，並於民國五十二年設立陶瓷廠，成為全國唯一官窯，也叫做仙洲窯。除了精美的瓷酒瓶，還有各種陶瓷藝術品可供選擇。

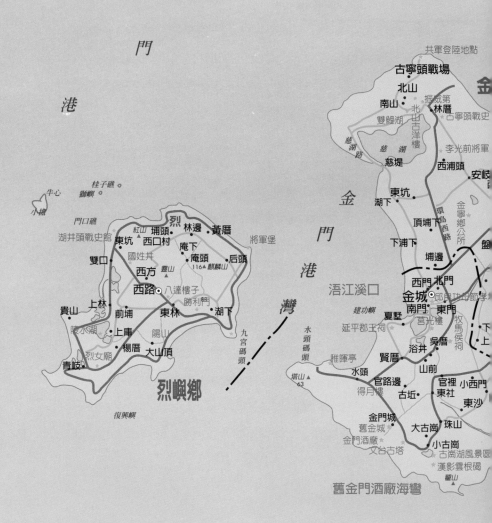

廈
門
港

共軍登陸地點

古寧頭戰場

北山

南山　振威第

林厝

雙鯉湖　古寧頭戰史

慈湖　李光前將軍

慈堤　西浦頭　安岐

東坑　湖下　金寧鄉公所

頂埔下　環島西路

盤

牛心　桂子礁　獅嶼

小擔　門口礁　烈山　埔邊　下浦下

湖井頭戰史館　東坑　西口村　紅山　埔頭　林邊　黃厝　將軍堡

雙口　國姓井　庵下　頭　后頭　116　麒麟山

西方　豐山

西路　八達樓子　勝利門　湖下　金門港

貴山　上林　前埔　東林　陽山　梧江溪口　建功嶼

陵水湖　上庫　水頭碼頭　西門　北門　金城

烈女廟　楊厝　大山頂　九宮碼頭　延平郡王祠　南門　東門

青岐　灣　塔山　水頭　夏墅　莒光樓　牧馬侯祠

得月樓　官路邊　賢厝　浴井　吳厝　山前　官裡　小西門

稚暉亭　古坵　東社　東沙

金門城　大古崗　珠山

舊金城　文台古塔　古崗湖風景區　小古崗

金門酒廠　漢影雲根碣　翟山

舊金門酒廠海灣

烈嶼鄉

復興嶼

金

圍 頭 灣

金沙鎮

馬山觀測站　后嶼　天摩山　鬼礁尾
西嶼　振武頭　58　后嶼坡　草嶼
官澳　青嶼
西園嶺　塘頭
三獅山　五龍山　53
31　西園
西園鹽場
吳坑　獅山　山后
108　山后民俗文化村
大礁　金沙灣　田墩　虎嶼山　山西　五虎山
70　122　三山村
金沙水庫　沙美　李宅　西山前
呂厝　洋山　後埔頭　東山前　楓香林
陳禎墓　榮湖　東蕭　碧山
劉澳　后宅　後水頭　蔡店　陳健墓
浦邊　金沙溪　西吳
斗門古樹區　陽宅　東吳　田浦
斗門　田埔水庫　大地
何厝　蔡厝　民享村
高坑　毋忘在莒　龍陵湖　鵲山
金剛寺　北太武山 253　一二三砲戰紀念碑
后村　蘭厝　擎天水庫　海印寺　陽明　林務所　內洋
環島北路　中蘭　太武公墓　太武山風景區　東溪　新前墩
蘭湖　邱良功墓園　擎天廳　陽明湖　東沙尾
一門三節坊　瓊林　南太武山　南雄　前埔
乳山　82　蔡氏祠堂　小徑　翠谷　山外村　下庄　建華　復國墩
中山紀念林　柳營　魯王墓　明潭　山外　溪邊
經國先生紀念館　花崗石醫院　映碧湖　新市　農試所
夏興　塔后　湖前　太湖　八二三戰史館　溪湖村
尚義　成功　漁村　林兜　中正公園　溪邊海水浴場
金門航空站　金門陶瓷廠　新頭　西村　西埔　後峰
庵邊　東村　峰上
新頭碼頭　蓮庵村
料　羅　灣　新塘　料羅
料羅灣　台
料羅碼頭　母嶼
金湖鎮　灣
海

峽

足履，海中仙洲 【一般點水記】

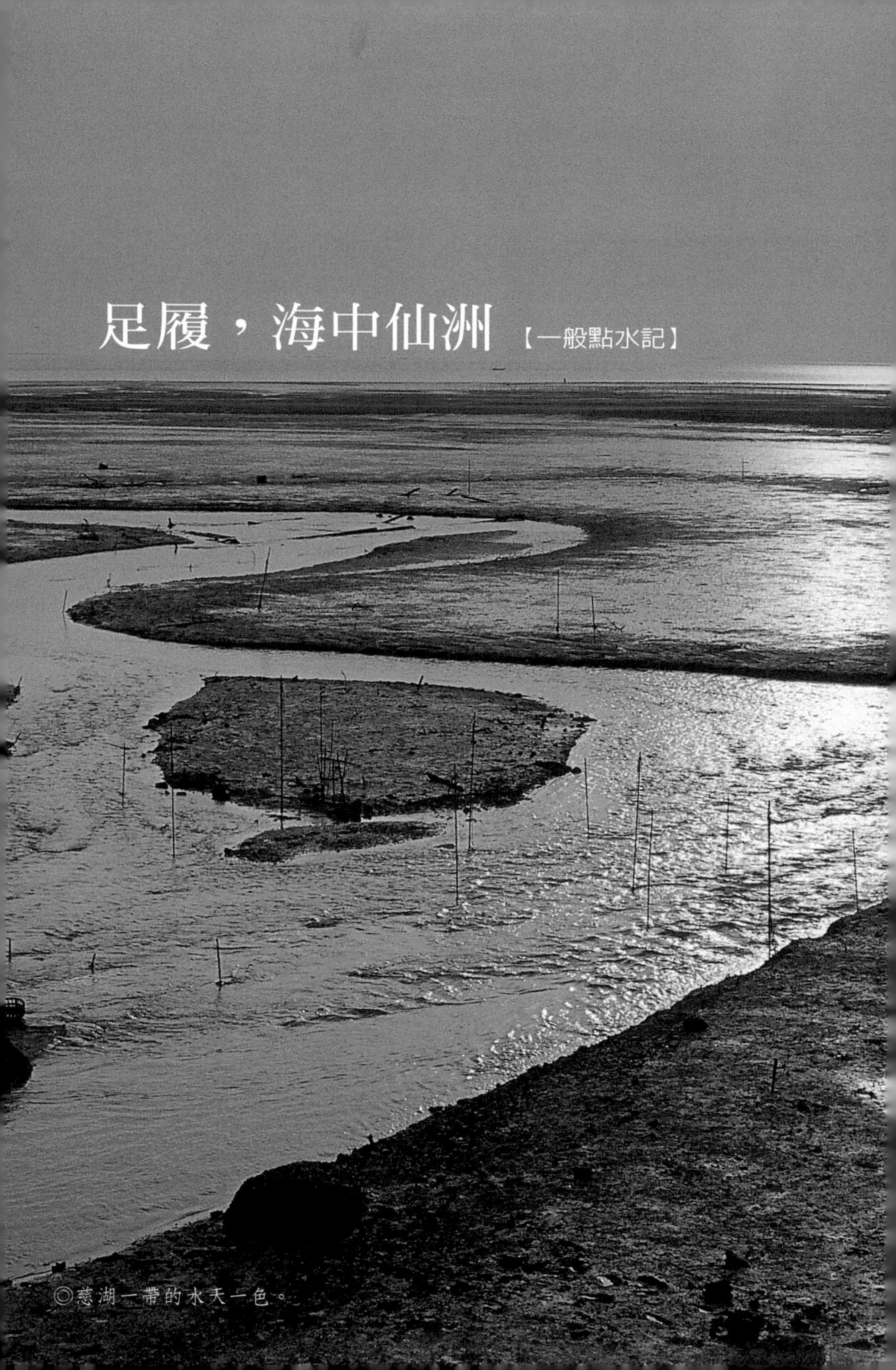

◎慈湖一帶的水天一色。

固若金湯，雄鎮海門，一個充滿著歷史陳蹟，説著戰爭往事的所謂自由堡壘所在。説反共復國太沉重，説戰地前線仍然是。僅僅一座島，海中仙洲，所有的氣氛都還停留在七〇年代，一種純粹的樸素，帶我們走入傳統舊色，以及未喪失的古早味與老街，數著彈孔刻痕，想像空襲奔走的倉皇昔時……

金門國家公園以史蹟、聚落及戰役紀念處為主題，含括二十一處國家級古蹟，其中牌坊、古塔、宗祠、石碣與墓園計十一處，像是瓊林蔡氏祠堂、瓊林一門三節坊、古龍頭鎮威第、古龍頭水尾塔、虛江嘯臥碑碣群……等等，皆是歷史無與倫比的重要陳跡。

傳統聚落建築集中散落在歐厝、珠山、水頭、瓊林、山后、南山、北山等七個代表性村落，其樣式保留百年前閩南漳泉式建築特色，是探索昔前人文風俗的最佳線索，此外另有所謂洋式番仔樓房，中西和壁間別有異國風情，這是來自清末之時大量南洋經商僑民引進手筆，水頭得月樓及北山古洋樓是其代表。

躲避空襲的民間地下戰鬥坑道、配合戰事的軍事小艇坑道，甚至貫穿太武山的中央坑道，以及各種戰史館、紀念館和觀測站，馬路上經常可見十字路口的兩用反空降堡、曠野的反空降樁，皆是金門不同於其他觀光地的獨具景觀，從這些戰爭遺留的防禦工事及殘存遺蹟中，可以想見當年砲火轟然的猛烈情況，以及金門岌岌可危的險惡局勢。雖然戰爭已然稍停，但誰能知曉瞬息萬變的未知將來呢？

◎翟山坑道。

永垂，傳家風華百年

山后民俗村

山后是金門155個自然村之一，位金門東北方，北依獅山，西接五虎山，東邊面海，巒崗疊翠間，襯映海天一色，無比靈秀。原分為頂堡與下堡，居民以王、梁、林姓為主。而山后民俗村即為山后中堡所在。王氏源自元代族群會居，是唐閩王王審知後代。

清同治年間，旅日華僑王國珍在東洋經商有成，晚年出資聘請大陸唐山名師，以一體規劃方式闢建全族人安居、歷代宗祠安置的大型合院聚落，建材皆運自福建漳泉，甚至遠及江西一帶，歷經二十五載，由其子王敬祥繼承志業，終於完成此等宏觀規模。

共興建了閩南式二進住宅（二落大厝）十六棟，三落鄉塾及二落宗祠各一棟，合稱「十八間」，主軸建築以家廟為首，其次鄉塾、花園配置三列，外緣並圍有高牆，一派整齊嚴謹景象，是金門最壯觀的閩南式建築聚落。

從其華麗豐富意涵的雕刻繪畫，縱橫有致的錯落布局，以及堅實的結構巧思，在院與院之間層次分明，空間節奏流暢，故而於民國六十八年特別修繕整頓，成立「民俗文化村」，增設馬廄、圍牆及牌坊，成為金門最完整，亦最具特色的傳統古厝。

瓊林聚落

　　這是金門中央、太武山西麓，早期自然成型的傳統聚落之一，八百多年歷史，以蔡氏宗祠為主，各房宗祠為中心，依其形勢井然有序地羅列成長，並產生嚴密的防禦配置。

　　最早聚落周圍一片蒼翠樹林，被稱為「平林」。到了明代族人蔡獻臣入朝為官，受明熹宗御賜「瓊林」沿用至今。

　　蔡氏族人於明清兩代登科中舉人士相當眾多，因而在聚落中處處可見華美莊嚴的燕尾式官宅，而最大宗「蔡氏家廟」及各房祠堂，「七座八祠」中皆懸掛著顯赫的稱譽匾額。所謂七座八祠，是指有兩支房祠堂位於同一棟三落大厝中。這七座八祠頗為可觀。它與怡穀堂和兩座風獅爺列為國家二級古蹟。

　　隨著戰爭時代的來臨，全島皆兵的自衛隊組織成立，瓊林運用其原先聚落優越地形，於民國六十五年挖掘四通八達的地下坑道，十二個緊急出入口，連結全村各處，建構了更綿密的防禦網絡，現成為售票參觀的景點之一。

張望，歷史古老之眼

文台寶塔

二級古蹟的文台寶塔，位於金城鎮古城村金門城南磐山南端，創建於明朝洪武二十年（1387），與太武山倒影塔、水頭村矛山塔合為金門三大古塔。據說這三座塔都是由當時江夏侯周德創金門城時修築而成。太武山倒影塔於民國七年毀於地震，水頭矛山塔因軍事之需，在民國五十年間被拆毀。

◎文台寶塔

邱良功母節孝坊

這是台閩地區現存牌坊最完整的一座，現列為國家一級古蹟，古典造型以精雕細琢手筆矗立在金城東門靈濟寺旁的街巷上，上書斗大的「欽旌節孝」四字，建造於清嘉慶十七年（1812），是表揚金門後浦人、官拜浙江提督邱良功之母許氏，含辛守節，教子有方的感人故事，邱良功出生三十五天即失去父親，是母親一手撫養長大。後來他剿除大海盜蔡牽有功，除被賜予爵位外，母親亦被皇帝追封此貞節牌坊。

邱良功卒於嘉慶二十二年（1817），

◎邱良功母節孝坊

◎模範街

其墓園位金湖鎮小徑村，嘉慶二十四年（1819）樹立，亦為三級古蹟。

模範街

這一條曾經創造過無比「巴刹」（市集）風光時期的老街，如今蕭條之後只留存美麗的建築軀殼，當然還是有許多人家居住的，開著店面：雜貨店、燒烤 PUB 、廣東粥店、鋼刀店、特產行、三寶齋燒餅店……，形成另一個金城形象商圈。

最早原為鄭成功訓練陸軍的內校場，民國十三年由當時金門商會會長傅錫琪向僑界募款，規劃這條兼具中西建築特色，且富濃烈日本大正時代風格的模範街，四十棟單拱拱圈連廊式洋樓組成，街口會集熱鬧十足的巴刹，全盛時期成為民國五十年代經濟、政治中心，是金門現存最具特色古街。

漢影雲根碣

金城鎮古城村獻台山上有一枚明末魯王朱以海親手所題「漢影雲根」碑碣，創於明永曆五—八年間（1651—1654），屬三級古蹟。魯王為明太祖第九子第十世孫，於崇禎十七年被明室冊封，後逃難到浙江，被擁為監國之帝，清兵入浙東後，避於舟山，為鄭芝龍之族姪鄭彩等接至廈門，歷經數戰；永曆五年，鄭成功迎往金門，致力反清復明，隔年去監國號，繼續顛沛流離生涯；永曆十六年薨於金門，死後葬在石刻附近青山，卻因時局不定無法立碑建墓，直到民國四十八年真塚於東梁山下被發現，而由蔣公授意遷葬太武山南麓小徑村旁，成為「魯王新墓」。總計魯王在

◎蔡氏祠堂

金門時間達十年之久，而這四個字恰恰是其坎坷一生的寫照。

海印寺石門關

　　與福建同安鴻漸山一脈相承的太武山，坐落島嶼東部，由於山間石岩嶙峋如同古代武士身上的盔甲，所以稱為「太武」，又因從海上遠望穿插的山巖像一枚篆刻印章，也叫做「海印」，其他還有「仙人偃地」等美名。

　　山上著名的海印寺，位太武山頂峰梅園後方，創建於宋度宗咸淳年間（1265 — 1274）。原名為太武巖寺，本來供奉著通遠仙翁，今供奉觀音菩薩及十八羅漢。

　　石門關為第三級古蹟，位寺左側，拱形門洞上方，鐫刻「海山第一」，下方題有「永曆辛丑十五年秋題」。

◎莒光樓

◎太武山

◎湖井頭戰史館

記錄，戰役敵對年代

古寧頭戰史館

古寧頭位於金門西北，是民國三十八年古寧頭戰役發生位置，為紀念當年之戰大捷，特別在戰場遺址處闢建一座別具意義的戰史館，從林蔭大道一路越去，看見三位執槍殺敵英勇戰士銅像，兩旁排列「金門之熊」戰車，便見一座仿古城門式建築，內部陳列所有戰利品武器、作戰文件等，並有大型油畫，描繪當時情景。

北山古洋樓

古寧頭五十六小時戰役中，大批共軍曾逃竄南山、北山及林厝三村之間，並佔據此樓達三十小時之久，與我方展開激烈的巷戰攻勢，從此座古洋樓的牆垣上所留下千瘡百孔的無數彈痕來看，足見當時戰況之猛然危急程度。

翟山坑道

位金門西南方總長 357 公尺的翟山坑道，是民國五十年為戰事之需，費時五年開鑿而成的 A 字型戰備水道，坑道規模無比宏偉壯觀，累積無數軍士血汗揮

灘成就，內設停靠碼頭，可供戰時登陸小艇搶灘運補，於民國八十七年正式開放後，讓人領略金門軍人堅毅精神。

莒光樓

最負盛名的金門標地物，建於民國四十一年，是金城莒光湖畔古堡式三層建築，外觀典雅、雄偉，其中一樓為多媒體金門簡報視聽室，頂樓可鳥瞰整座金門市區，遠眺小金門海域。

經國先生紀念館

在昔果山與雙乳山之間，目前金門國家管理處所在位置，除一片廣闊的中山紀念林，以及以廢棄營區架構出虛擬的軍營布防、武器陳列之外，並設有經國先生紀念館，以紀念蔣經國先生生平123次巡視金門、促進其地方建設之貢獻，裡頭展示經國先生生前事蹟及遺物，和大量在金門留影的照片。

太武山毋忘在莒

民國四十一年蔣公親巡太武山時，特別在山頂勒石巖壁上題書「毋忘在莒」四字，蒼勁有力的運筆行文，顯現其非凡意涵，往後不僅成為金門最佳的代表標語，也是金門軍民一致的精神象徵。

榕園及八二三戰史館

榕園原為明朝洪氏故居，卻因樹木大量砍伐之後而被巨風沙塵淹沒吹倒，僅留存「慰廬」一間，現經多年綠化植栽後，已然一片繁茂林木；其右側為八二三戰史館，裡頭展示八二三之役過程及陸海空三軍抵禦戰力、文物、圖片及運補情況，呈現當時戰爭慘狀和奮勇抗戰的事蹟。館外則陳列參戰的飛機、戰車及武器等。

◎馬山觀測站　◎榕園
◎北山古洋樓　◎八二三戰史館

馬山觀測站

　位於最北方突出之處，與大陸角嶼相望，兩者在退潮時僅距2100公尺，可從馬山播音站進入地下坑道後，眺望對岸角嶼及大小嶝諸嶼。

湖井頭戰史館

　烈嶼鄉著名據點即以小金門周邊為主，整條環島轍道最具特色，而湖井頭戰史館收藏諸多戰爭史蹟，像是當年郝柏村戍守抗共的珍貴資料照片，除此，小金門的將軍堡、八達樓子等等，亦是重要戰役據點，而陵水湖則是最大溼地，鳥類生態豐富。

無法前往的海上之光

雷區 危險

DANGER MINES

金門國家公園管理處

很抱歉，這些緊貼大陸沿海、隸屬金門邊防的三座島嶼燈塔，因戰局仍然吃緊，短時間暫無法進入！

【烏坵嶼燈塔快拍】

位　　置：原福州區烏坵嶼（面積1.21平方公里）之大坵山頂，民國四十三年委由金門縣政府託管。距金門七十二浬，因位居大陸福建沿海出入要衝，目前仍列為軍事管制地區，由國軍駐防，一般人士不得進出。

建造日期：清同治十三年（1874）年落成，連結廈門與福州二港，並扼守湄州灣和興化灣，特由當時英籍燈塔工程師韓得善監造而成。

燈塔規模：塔身圓形石造，以石榫銜接而成，塔頂裝設水晶照明燈器。於民國二年、十九年先後整修；其一等石油燈於民國三十七年因戰爭而毀壞，同年改換五等電燈，每五秒閃白光一次，光力可達2600以上燭光，民國四十一年到四十三年期間，因台海之間戰事頻傳，燈器遭毀拆除，目前暫停發光。

塔　　高：19.5公尺，塔高因抗戰飛機轟毀之故而較原來更矮一層。

燈　　高：高潮面至燈火中心87.2公尺。

公稱光程：11.3浬。

【北椗島燈塔快拍】

位　　置：廈門區北椗島（舊稱東碇，面積0.08平方公里）山頂。位金門料羅灣東南方海面上，距金門二浬。目前雖列軍事管制地區，未來可望與大膽、二膽兩島同步對外開放。

建造日期：北椗島位料羅灣與晉江圍頭灣航線之間，南北兩翼險礁延伸入海，形成天然危險海域。故於清光緒八年（1882）年，由英籍燈塔工程師韓得善興建而成。

燈塔規模：塔身為圓形磚造，民國二年、十年進行整修；原裝二等石油燈於二次大戰期間，民國三十二年遭盟軍全毀，塔身亦嚴重破損，於民國三十六年改用三角鐵架替代，裝設五等電燈發光。而後陸續與共軍多次激戰，塔身和房舍皆遭轟燹，而鐵架獨自支撐到民國七十五年，原塔整修後，燈器移回塔頂，每十秒連閃白光兩次，光力可達2600支燭光。

塔　　高：17.5公尺。

燈　　高：高潮面至燈火中心36.3公尺。

公稱光程：11.3浬。

【東椗島燈塔快拍】

位　　置：廈門區東椗島（舊稱南碇，面積0.016平方公里）山頂，位金門舊金城南方海面上，距金門26.5公里，距

小金門27公里，目前亦為軍事管制禁區，不對外開
放。

建造日期：清同治十年（1871）年落成，是中國海關海務部於廈
門沿海興建的第一座洋式燈塔，扼守著廈門灣和金門
料羅灣海道，由韓得善著手規劃，命另位必思比（A.
M. Bisbee）工程師監造而成。

燈塔規模：塔身為圓形磚造，是一座難能可見的黑色燈塔。民國
二年、十六年陸續整修；民國四十年期間國共之間不
時短兵相接，烽火連年情況下，使本燈塔於民國四十
二年五月暫停發光，而其一等石油燈則毀於金門砲
戰，民國五十二年，改換五等電燈，每十秒閃白光一
次，光力可達2600支燭光，並於民國六十年間恢復開
光。

塔　　高：19.2公尺。

燈　　高：高潮面至燈火中心69.2公尺。

公稱光程：11.3浬。

追逐經過……

◎縱橫遼闊的澎湖海域，一直在換搭各種不同的船。

兩年又六個月，

燈塔蹤跡

栗兒 文

●作者與攝影師於1998/12/16第一次碰面談台灣燈塔story一案。

『栗兒：

妳好，很高興，也很榮幸認識妳。昨天是個非常愉快的 Meeting。相信我們會全力以赴，並且殷切期盼這本《台灣燈塔》的誕生……　　　　　　　　　　　　　　　　榮錄 1998/12/17』

●兩人於 1998/1/9 赴塔城街海關博物館尋找燈塔資料，知道台灣及離島一共有三十四座燈塔，心頭一驚，該怎麼跑呢？

● 1999/2/6，在火車站大亞百貨公司誠品談整書呈現概貌及如何進行方式。

想到一個聳聳的 slogan：明與滅之間。

●1999/2/24，有一個高個妹參與第一次遊走燈塔行程，榮錄開他的TOYOTA越野型汽車載著高個妹與栗兒到鼻頭角及三貂角燈塔。

　※隨便記著：豔陽，海濤聲，沿途的羊糞，五艘漁船，一艘貨輪，鼻頭路99-2號，TVU706（摩托車號），兩隻過路小松鼠，貓狗鵝雞組成的大家庭……

　※後來此行變成一篇草稿，「……攝影師榮錄原在美國修攝影碩士時，即以加州一帶燈塔作為論文題目，拍下一系列展現寧謐與力量相融的驚人之美。這回，我們企圖把理想放在本島，做出一些不同昔前舊調子的台灣燈塔 story。當墜入層層迷霧之際，

一座燈塔的光，我想，就是一種生之力量，而周遭則是被海濤聲烘托而出的凝肅氣氛……」

●1999/4/11，隨新聞局舉辦的文藝活動去到第一座離島燈塔——蘭嶼。

　※筆記：「清晨6:05抵蘭嶼燈塔，日出時分，太陽終究穿透厚雲層，沿途百合花，之字型山路。燈塔的燈還亮，沒有熄滅，一大群小燕子練習飛翔……」

●1999/6/28，抵墾丁鵝鑾鼻燈塔。兩人坐在石階上突然嘆息，覺得許多庸俗的風景區令人喪氣。

●歇了半年，終於再度出發。2000/1/21兩人赴北海岸：野柳、金山、石門，到富基燈塔，一路灰鬱海岸及沉重天空，卻在海上燈塔之頂現出一彎彩虹。

●2000/2/26—2000/2/29，前進綠島燈塔，台東三仙台燈塔及東海岸馳騁。

　※高個妹再度伴行，三人連續兩晚在綠島「慾望之海」PUB喝啤酒，風大雨狂之夜，PUB的鐵皮屋頂嘩嘩劇響；一大早即捕捉草海桐延伸盡頭的綠島燈塔，濃雲極厚，還好沒有下雨，回程很想跨過機場隔籬，直接穿越偌大機場到主要馬路，不必再繞好長的

海邊之徑，但攝影師堅決不肯，怕違反航空法。

　※三仙台燈塔之行真是極恐怖的一趟旅程。沒想風如此狂飆，
簡直是颶風。步履蹣跚地行走在正整修中的八座跨海拱橋上，似
乎要被風吹走，海潮翻掀得很可怕，啪一下要捲走人！沒想到更
艱難的還在後面，到了三仙台島嶼礁岩時，來來回回找不著燈塔
所在位置，終於在後方發現去向，於高高低低岩層間跳來躍去
後，發現通往崖頂燈塔卻是一道45度斜角的漫長蜿蜒山階，費了
九牛二虎之力，非常狼狽地攻上峰頂後，榮錄看了看相機對我們
尷尬地說：「只剩三張底片。」Oh！My GOD！

●2000/3/21，天氣很好，太陽盛大，總統大選後的第三天。赴南
方澳漁港，卻無法進入蘇澳燈塔，為軍方管轄海岸區，須穿過軍
營，等候報備結果，仍然不行，轉往蘇澳冷泉及無尾港水鳥保護
區，很美的一個沼澤地，帶著初春田野氣息，沿途馬纓丹，各種
鴨雀鳥鳴啁啾成朗朗一片。

●2000/3/28，略經淡水沙灘燈架，接西濱公路去到觀音白沙岬燈
塔，經過林口巨大發電廠，一隻大冒黑煙的怪獸，沿途皆工業
區，空氣品質很差，幾乎一路抱怨而去，對於海岸線充滿垃圾，
以及百年古蹟燈塔竟然矗立於一片已然被壞空氣損毀的枯黃樹林
裡，也感到不可思議。

『榮錄：

最近我也深陷燈塔的龐大工程恐懼中，但思索再三，決定一鼓作氣地完成。

昨日下午已理出整個拍攝走訪進度。晚上並和美編大致討論，幻燈片交他（燕溥）了，他會做兩個版型給我提案。

蘭嶼燈塔資料我已讀完，這兩天會著手寫作，也幫你擬出拍攝圖片內容，下回碰面給你。

金門燈塔我再作確認，除了有一類似燈塔的烽火台之類遺址，便是東椗、北椗兩座小島有燈塔。

我覺得我們是否該討論一下定位，如若是以觀光性為主，應該選擇一般民眾隨意即去的概念，加上海岸線的縱遊，如此一來這些很麻煩到達的地方，是否以一般資料敘述即可，而不需刻意強行進入。這也減少我們工作壓力與阻礙。我們的概念是隨行隨去。你覺得呢？　　　　　　　　　　　栗兒2000/4/12』

●2000/4/21—4/27，一趟艱辛的澎湖離島之行，首日夕陽西下前驅車往遙遠邊角的西嶼燈塔，次晨搭遊艇北海之旅遠至最北方目斗嶼燈塔，因大白沙遊艇公司老闆介紹結識素素，一起加入澎湖教師聯誼會花嶼野外活動一行，搭大中華輪船前去最西邊偏僻的花嶼燈塔；之後告別在望安島落腳，隔天租一漁船開往最東端幾乎無人島的東吉嶼，再返望安島留宿——這個島真安靜透了！有世界極美的網垵口月牙形沙灘，坐在那沙灘上目睹黃昏日落，沉

◎東莒島東犬燈塔。

浸一種過度的憂鬱浪漫，靜泊的一艘船一直不動。

第二天一早搭恆安一號交通輪船到最南方的七美燈塔，是一座人最多、也較大的離島，陽光這一天最明媚，完全開展。再返馬公，奔赴西嶼燈塔，此行算是乘坐最多次、各種不同船隻的一回了！

● 2000/5/8，去到找很久的基隆燈塔，位在一片最邊緣碼頭區的崗巒山頂，有百合花盛開，為什麼許多燈塔草坡上都會長著如此純潔的野百合呢？一旁的古老荒廢日式古厝，存在著舊年代的氣息。

『陳社長：

目前我們已經跑了十餘座燈塔（台灣本島及離島），也有數篇內文及圖片呈現，大略有粗具的輪廓，細節有待修正調整。

我們不僅要突顯燈塔的海洋特質之外，更希望以遊蹤海岸線的方式，讓本書的島嶼文化引人矚目，當然也結合了「新台灣遊客」的概念，讓斯土斯民的緊密感更契合……

栗兒2000/5/8』

● 2000/5/28—7/1，自由時報休閒旅遊版連續每週一次整版連載澎湖離島燈塔之文，引起一些迴響。

● 2000/6/23 — 6/25，搭乘台馬輪前往馬祖列島，一艘頗大的輪船，第一次乘船在夜間離開燈火輝煌的港區，實踐孩童年代以來的夢想，佇站船尾投入暗闇裡的海上波動，兩人聊及不相干的青春往事，這一幕很像是電影稍閃而逝的停格畫面，船上許多馬祖人說著聽不懂的福州話，覺得去馬祖好像是到異鄉，或者大陸某個偏僻城鎮……

※東引是一個停格在昔時戰鬥時代的島嶼，沿山錯落的老厝，帶著古典氣息。東引燈塔的海岸線風光甚美，龐大參差的石群以及強勁海風濃霧，彷彿是海中漂流的仙境，然而不是，是一座隨時將被戰爭襲擊的彈丸之島。

※沒料到夜晚的燈塔如此巨大壯觀，此刻東莒燈塔旋轉的強烈光束，形成一道走馬燈般在我們頂上迴繞不已，天空是布滿一顆顆星星，就像星星小鎮。帶我們來的X先生，說起一則則戒嚴時代兵荒馬亂的故事，一切近在眼前卻又遙遠不已。

●後來，2000年的夏天，栗兒去到西藏，書寫《日光城市‧雪之領域》一書；榮錄再去蘭嶼補拍許多遺失的鏡頭，簡直可以另出一本蘭嶼的專書。不知何故，兩人的步伐暫時停止下來，在沉澱著如何把一個龐大的燈塔走訪任務，化繁為簡。整個社會環境亦呈現一片混亂低迷的狀況。

● 2000年年底，兩人決定先將離島燈塔整理成一書。

●雖然金門的烏坵嶼燈塔、北椗島燈塔、東椗島燈塔被列為軍管區，暫時無法前往，還是決定赴金門，將所有離島介紹完全齊整。2001/五月上旬及下旬，兩人分別赴金門戰地前線走訪拍攝，六—七月整書進入編輯美術階段，八月出書。

●本書的完成感謝海關總局，無論風雨陰晴皆恪守工作崗位的各離島燈塔主任及燈塔管理員，以及協助我們完成一趟趟任務，為我們解說、導覽的許多當地人士……。

●從來沒有過如此貼近海洋疆域邊界的離島漫遊經驗，其間的酸甜苦辣，以及挫折喜悅，大概只有攝影師和作者能深入感受，插花的高個妹也許能體會一些。事後回想，這一本書製作過程的收穫竟遠遠超過書完成的本身了！當然，不能斤斤計較耗費的上千捲底片，沖片，以及機票、船票、住宿、吃食、絞盡腦汁……等等付出的有形無形費用，否則這本書大概也無法成型了！

國家圖書館出版品預行編目資料

台灣離島與燈塔／栗兒文；林榮錄攝影－－
初版.－－臺中市：晨星，2001〔民90〕
面；　公分.－－（台灣地圖；8）

ISBN 957-455-034-6（平裝）
1.燈塔—台灣　2.台灣—描述與遊記

673.26　　　　　　　　　　　90010570

台灣地圖 08

台灣離島與燈塔

撰文	栗　　兒
攝影	林　榮　錄
文字編輯	林　美　蘭
美術設計	燕　　溥

發行人	陳　銘　民
發行所	晨星出版有限公司
	台中市工業區30路1號
	TEL:(04)23595820　FAX:(04)23597123
	E-mail:morning@tcts.seed.net.tw
	http://www.morning-star.com.tw
	郵政劃撥：22326758
	行政院新聞局局版台業字第2500號
法律顧問	甘　龍　強　律師
製作	知文企業（股）公司　TEL:(04)23581803
初版	西元2001年8月30日

總經銷	知己有限公司
	〈台北公司〉台北市羅斯福路二段79號4F之9
	TEL:(02)23672044　FAX:(02)23635741
	〈台中公司〉台中市工業區30路1號
	TEL:(04)23595819　FAX:(04)23597123

定價 450 元
（缺頁或破損的書，請寄回更換）
ISBN 957-455-034-6
Published by Morning Star Publishing Inc.
Printed in Taiwan

◎蘭嶼東清村居民坐著看海景。

◎從空中遠眺蘭嶼島。

©澎湖望安島特別木雕。